Olga Tokarczuk

Der liebevolle Erzähler

Vorlesung zur Verleihung
des Nobelpreises für Literatur

Mit dem Essay
Wie Übersetzer die Welt retten

Aus dem Polnischen von
Lisa Palmes

Kampa

Videoporträt von Olga Tokarczuk auf
www.kampaverlag.ch/kampa-tv

Für den Blick hinter die Verlagskulissen:
www.kampaverlag.ch/newsletter

www.kampaverlag.ch
Covergestaltung: Kuzin & Kolling, Hamburg
Covermotiv: Inspiriert vom Erscheinungsbild der
Nobel Foundation, entworfen vom Stockholm Design Lab
Satz: Herr K | Jan Kermes, Leipzig
Gesetzt aus der Stempel Garamond LT
Druck und Bindung: Friedrich Pustet, Regensburg
Auch als E-Book erhältlich
ISBN 978 3 311 10019 5

Der Nobelpreis für Literatur 2018 wird verliehen an Olga Tokarczuk für eine erzählerische Vorstellungskraft, die mit enzyklopädischer Leidenschaft das Überschreiten von Grenzen als Lebensform darstellt.

Die Schwedische Akademie

Inhalt

Der liebevolle Erzähler

Vorlesung zur Verleihung des Nobelpreises für Literatur

I

Das erste Foto, das ich bewusst wahrgenommen habe, ist ein Foto meiner Mutter noch aus der Zeit vor meiner Geburt. Leider ist es eine Schwarz-Weiß-Aufnahme, dadurch lassen sich viele Details schwer erkennen, lediglich als graue Schemen. Das Licht ist weich wie bei Regen, ein Frühjahrslicht ist es wohl, das durchs Fenster sickert und den Raum nur schwach erhellt. Meine Mutter sitzt bei dem alten Radio – es ist einer dieser Apparate mit grünem Auge und zwei Knöpfen, einem für die Regulierung der Lautstärke, einem für die Sendersuche.

Dieses Radio wurde später zum Gefährten meiner Kindheit, aus ihm erfuhr ich von der Existenz des Kosmos. Drehte man an dem einen Ebonitknopf, bewegten sich die empfindlichen Antennenfühler und empfingen die unterschiedlichsten Sender: Warschau, London, Luxemburg oder Paris. Manchmal verstummte der Ton auch, als wären die Fühler zwischen Prag und New York, zwischen Moskau und Madrid auf schwarze Löcher gestoßen. Dann überlief mich jedes Mal ein Schauer. Ich glaubte fest daran, dass durch das Radio andere Sonnensysteme und Galaxien zu mir sprachen und mir zwischen Knacken und Rauschen Botschaften sandten, die ich einfach nicht entschlüsseln konnte.

Wenn ich dieses Foto als kleines Mädchen betrachtete, war ich mir ganz sicher: Mama drehte an den Knöpfen des Radios, weil sie nach mir suchte. Wie ein feiner Radar tastete sie sich durch die Weiten des Kosmos, um herauszufinden, wann ich zu ihr kommen würde und von wo. Ihre Frisur und ihre Kleidung (ein breiter U-Boot-Ausschnitt) deuten darauf hin, in welcher Zeit die Fotografie gemacht wurde – zu Beginn der sechziger Jahre. Die leicht gebeugt dasitzende Frau hat ihren Blick auf einen Punkt jenseits des Bildrands gerichtet. Sie sieht etwas, das dem Betrachter verborgen bleibt. Als Kind meinte ich, sie betrachte die Zeit. Auf dem Foto ereignet sich nichts; es bildet einen Zustand ab, keinen Prozess. Die Frau wirkt traurig, in Gedanken versunken, abwesend.

Als ich sie später nach dieser Traurigkeit fragte – viele Male fragte ich sie und bekam immer die gleiche Antwort –, sagte meine Mutter, sie sei traurig gewesen, weil ich noch nicht geboren war und sie mich schon vermisste.

»Wie konntest du mich vermissen, wenn ich noch gar nicht da war?«, fragte ich dann.

Ich wusste bereits, dass man jemanden vermissen kann, den man verloren hat, dass Sehnsucht also mit Verlust zusammenhängt.

»Es kann auch umgekehrt sein«, entgegnete sie mir. »Wenn man jemanden vermisst, bedeutet das, dieser Jemand ist schon da.«

Diese wenigen Sätze, dieses kurze Gespräch zwischen meiner Mutter und mir, ihrer kleinen Tochter, Ende der sechziger Jahre in der westpolnischen Provinz ist mir im Gedächtnis geblieben und hat mir Kraft für mein ganzes Leben geschenkt. Es erhob mein Dasein über die gewöhnliche Dinglichkeit der Welt, über den Zufall, über Ursache und Wirkung und die Gesetze der Wahrscheinlichkeit, ja siedelte es außerhalb der Zeit an, in süßer Nähe zur Ewigkeit. Ich begriff mit meinem kindlichen Verstand, dass »Ich« mehr war, als ich es mir bis dahin hatte vorstellen können. Selbst wenn ich sagen würde: »Ich bin nicht da«, stünden zu Beginn doch die beiden Wörter »Ich bin« – die wichtigste und zugleich eigentümlichste Wortzusammenstellung der Welt.

Und so gab mir diese junge Frau, die nie religiös gewesen war – meine Mutter –, etwas, das man früher »Seele« nannte – und stellte mir damit den liebevollsten Erzähler der Welt zur Seite.

II

Die Welt ist ein Stoff, an dem wir tagtäglich weben – auf großen Webstühlen verarbeiten wir Fäden aus Nachrichten, Debatten, Filmen, Büchern, Klatsch und Tratsch, Anekdoten. Heutzutage ist die Reichweite dieser Gewebe enorm – dank dem Internet kann nahezu jeder seine Fäden mit einweben, verantwortungsvoll oder verantwortungslos, von Liebe oder Hass erfüllt, zum Guten und zum Schlechten, auf Leben oder Tod. Nimmt das Erzählte einen anderen Lauf, so ändert sich der Lauf der Welt. In diesem Sinne ist die Welt aus Wörtern geschaffen.

Wie wir über die Welt denken und – vermutlich noch wichtiger – wie wir von ihr erzählen, hat daher eine ungeheure Bedeutung. Was geschieht, aber nicht erzählt wird, hört auf zu sein und vergeht. Das wissen nicht nur die Historiker sehr genau, sondern auch (oder vielleicht vor allem) Politiker und Tyrannen jeglicher Couleur. Wer an der Geschichte webt, der hat die Macht.

Unser heutiges Problem scheint darin zu bestehen, dass wir nicht nur für die Zukunft, sondern auch für das ganz konkrete »Jetzt«, für die rasend schnellen Veränderungen der Welt, noch keine passenden Erzählformen haben. Es fehlt uns die Sprache, es fehlen Sichtweisen, Metaphern, Mythen und neue Märchen. Und so müssen wir immer wieder erleben, wie überholte, angerostete Erzählformen vor Zukunftsvisionen gespannt werden, vielleicht weil man meint: *Besser etwas Altes als nichts Neues,* oder weil man versucht, auf diese Weise mit den eigenen beschränkten Horizonten zurechtzukommen. Kurz gesagt: Es mangelt uns an neuen Methoden, von der Welt zu erzählen.

Wir leben in einer Zeit der vielstimmigen Ich-Erzählungen, von überallher umschwirrt uns Stimmengewirr. Mit »Ich-Erzählungen« meine ich die Art von Geschichten, die eng um das »Ich« des Schreibenden kreisen, der mehr oder weniger verhohlen nur über sich und durch sich schreibt. Diese individualisierte Sichtweise, die

Stimme aus dem »Ich«, halten wir für besonders natürlich, menschlich, authentisch, selbst wenn sie auf eine breitere Perspektive verzichtet. Wer in der Ich-Form erzählt, webt ein vollkommen einzigartiges Muster, hat als Individuum ein Gefühl von Autonomie, ist sich seiner selbst und seines Schicksals bewusst. Zugleich tritt dieses »Ich« aber in Opposition zur Welt – und das kann zu einer Entfremdung führen.

Ich denke, die Ich-Erzählung ist überaus bezeichnend für unseren gegenwärtigen Blick auf die Welt, bei dem der einzelne Mensch die Stellung eines subjektiven Mittelpunkts einnimmt. Die westliche Zivilisation fußt größtenteils auf der Entdeckung des Selbst. Es ist einer der entscheidenden Maßstäbe für die Realität. Der einzelne Mensch ist der Hauptakteur; sein Urteil – obzwar eines unter vielen – besitzt Gültigkeit. Die Ich-Erzählung scheint eine der größten Errungenschaften der menschlichen Zivilisation zu sein; man liest sie ehrfurchtsvoll und befindet sie für glaubwürdig. Die Welt mit den Augen eines »Ich« zu sehen und sie in dessen Namen wahrzunehmen, stellt eine Verbundenheit mit dem Erzähler her wie keine andere Erzählweise. Durch sie werden wir in seine individuelle, einzigartige Lage versetzt.

Es kann nicht oft genug betont werden, was die Ich-Erzählweise für die Literatur, für die menschliche Zivilisation im Allgemeinen bewirkt hat: Sie machte die Erzählung über die Welt als einen Ort, an dem Helden oder Gottheiten ohne unseren Einfluss handelten, zu unserer individuellen Erzählung und überließ so die Bühne Menschen wie uns. Zudem können wir uns mit Menschen, die so sind wie wir, leicht identifizieren – und diesem Umstand ist es zu verdanken, dass zwischen dem Erzähler und seinem Leser oder Zuhörer eine emotionale, auf Empathie beruhende Übereinstimmung entsteht. Empathie wiederum schafft Nähe, lässt Grenzen verschwinden. Nichts leichter, als in einem Roman die Grenzen zwischen Erzähler-Ich und Leser-Ich zu verwischen – ein »fesselnder«

Roman zählt geradezu darauf, dass sie aufgehoben werden, dass der Leser, seiner empathischen Einfühlung zum Dank, für eine gewisse Zeit zum Erzähler wird. Die Literatur ist somit zu einem Ort geworden, an dem Erfahrungen ausgetauscht werden, zu einer Agora, auf der jeder Einzelne von seinem Schicksal erzählen oder einem Alter Ego das Wort erteilen kann. Ein demokratischer Raum: Jeder und jede darf das Wort ergreifen, sich eine Stimme erschaffen. In der Geschichte der Menschheit haben sich wohl noch nie so viele Menschen mit Schreiben und Erzählen befasst wie heute – um das festzustellen, genügt ein Blick in die erstbeste Statistik.

Auf Buchmessen sehe ich jedes Mal, wie viele neu erschienene Bücher das Ich des Autors oder der Autorin ins Zentrum rücken. Der Instinkt sich auszudrücken, der Instinkt der Expression – ein womöglich ebenso starker Instinkt wie unsere anderen lebenserhaltenden Instinkte – tritt am umfassendsten in der Kunst zutage. Wir wollen bemerkt werden, wollen uns außergewöhnlich fühlen. Narrative des Typus »Ich erzähle dir meine Geschichte«, »Ich erzähle dir meine Familiengeschichte« oder schlicht »Ich erzähle dir, wo ich gewesen bin« bilden heute die beliebteste literarische Gattung. Und diese Gattung ist auch deswegen so verbreitet, weil wir heute nahezu alle des Schreibens mächtig sind und immer mehr Menschen die früher nur wenigen vorbehaltene Möglichkeit besitzen, sich in Worten, in Geschichten auszudrücken. Paradoxerweise ist das Ergebnis ein Chor aus lauter Solisten – die Stimmen bilden ein Gewirr, sie rivalisieren um Aufmerksamkeit, schlagen ähnliche Pfade ein, um einander schließlich doch zu übertönen. Wir erfahren alles über die Erzähler, können uns mit ihnen identifizieren, ihr Leben wie unser eigenes durchleben. Trotzdem ist das, was der Leser erfährt, überraschend häufig unvollständig und wenig befriedigend, stellt sich doch heraus, dass die Expression des Autoren-Ichs keine Universalität garantiert. Was uns fehlt, ist – so scheint es – die parabolische Dimension der Erzählung.

In einer Parabel ist die zentrale Figur nämlich einerseits sie selbst – ein Mensch, der in bestimmten historischen oder geographischen Gegebenheiten lebt –, andererseits aber tritt sie weit aus diesem Rahmen heraus, sie wird zu Jedermann an jedem Ort. Durchlebt der Leser mittels eines Romans die Geschichte eines anderen, so kann er sich mit dem Schicksal dieser Figur identifizieren und deren Situation wie die eigene abwägen; bei der Parabel aber muss er seine Getrenntheit aufgeben und zu Jedermann werden. Während dieses psychologisch anspruchsvollen Vorgangs gestaltet die Parabel unsere Erfahrung zu einer universellen um, indem sie für unterschiedliche Schicksale einen gemeinsamen Nenner findet. Dass man die Parabel heutzutage kaum noch antrifft, zeugt von unserer Ratlosigkeit.

Vielleicht haben wir den gewaltigen Leviathan-Körper der Literatur in Gattungen unterteilt, um nicht in der Vielzahl von Bezeichnungen und Namen zu versinken. Diese Gattungen behandeln wir wie Disziplinen im Sport und die Schriftstellerinnen und Schriftsteller wie Profisportler.

Die allgemeine Kommerzialisierung des Literaturmarktes hat zur Einteilung in Sparten geführt – seither finden Buchmessen und Literaturfestivals verschiedenster Arten vollkommen getrennt voneinander statt und ziehen sich ihre je eigene Kundschaft heran, die sich ausschließlich mit Krimis oder Fantasy oder Science-Fiction-Romanen befasst. Besonders bezeichnend für diese Situation ist, dass ein Konstrukt, das einmal lediglich dazu dienen sollte, Buchhändlern und Bibliothekaren die Einordnung der unzähligen Neuerscheinungen in ihre Regale zu erleichtern und den Lesern Orientierung zu bieten, sich nun in abstrakten Schubladen verfestigt hat, in die nicht nur bestehende Werke hineingesteckt werden, sondern nach denen auch die Schriftsteller inzwischen ihr Schreiben richten. Immer häufiger erinnern Literaturgattungen an Kuchenformen, die stets sehr ähnliche Resultate hervorbringen – wobei Vorhersehbarkeit als Tugend gilt und Banalität als Errungenschaft. Der Leser weiß, was er zu erwarten hat – und er bekommt genau das, was er wollte.

Ich war immer intuitiv gegen derartige Ordnungen, schließlich führen sie zu einer Begrenzung der schriftstellerischen Freiheit, zu einem Widerwillen gegen Experiment und Transgression, die doch ein wesentliches Merkmal schöpferischer Arbeit sind. Zudem klammern sie jegliche Exzentrik aus, ohne die es keine Kunst gäbe. Ein gutes Buch muss sich nicht durch Gattungszugehörigkeit beweisen. Die Unterteilung in Gattungen ist die Folge einer Kommerzialisierung der gesamten Literatur, die als Verkaufsprodukt mit einer Markenphilosophie, einer Zielgruppe und anderen Erfindungen des heutigen Kapitalismus gehandelt wird.

Wir dürfen derzeit miterleben, wie eine neue Form des Welt-Erzählens entsteht: die Streamingserie, deren heimliche Aufgabe es ist, uns in Trance zu versetzen. Natürlich gab es die serielle Erzählform schon in Homers Mythen und Erzählungen – Herkules, Achilles und Odysseus waren ohne Zweifel die ersten Serienhelden. Nie zuvor jedoch bekam die serielle Erzählung so viel Raum wie heute, nie hatte sie einen solchen Einfluss auf die kollektiven Vorstellungswelten. Die beiden ersten Jahrzehnte des 21. Jahrhunderts gehören mit Sicherheit der Serie. Ihr Einfluss auf die Arten der Erzählung (und damit des Verstehens) der Welt ist revolutionär.

Die Serie in ihrer heutigen Form hat nicht nur die Erzählzeit ausgedehnt, indem sie unterschiedliche Tempi, Abschweifungen und Aspekte generiert, sie hat auch eigene, neue Ordnungen etabliert. In vielen Fällen zielt serielles Erzählen darauf ab, die Aufmerksamkeit des Zuschauers so lange wie möglich zu fesseln. Es werden mehr und mehr Handlungsfäden kreiert und auf die unwahrscheinlichste Weise miteinander verflochten – bis das Erzählen an einen ausweglosen Punkt gelangt und einen alten narrativen Trick anwenden muss: den Kunstgriff des *deus ex machina*. Im Laufe einer Serie ändert sich manches Mal die gesamte Psychologie der Figuren ad hoc und wird so den sich überstürzenden Ereignissen angepasst. Die anfangs sanfte und zurückhaltende Figur wird gegen Ende plötzlich rachsüchtig und brutal, eine Nebenfigur rückt in den Vordergrund, und bei alldem verliert die Hauptfigur, die wir bereits ins Herz geschlossen haben, an Bedeutung oder verschwindet zu unserer Verblüffung sogar ganz.

Die potenzielle Fortsetzung einer Serie in weiteren Staffeln erfordert ein offenes Ende, bei dem es niemals zum geheimnisvollen Phänomen der Katharsis kommen kann und darf – zum inneren Wandel, zur Auflösung, zum Vergnügen, die Handlung verfolgt und durchschaut zu haben. Komplizierte Verstrickungen, ein ins Unendliche verschobenes Ende, die vorenthaltene Belohnung in Form jener

Katharsis entfalten hypnotische Wirkung und machen süchtig wie eine Droge. Die *fabula interrupta* wurde bereits vor langer Zeit erdacht: Bekannt aus Scheherazades Geschichten, hat sie nun in Serien ihren großen Auftritt, verändert unsere Wahrnehmung und ruft die eigentümlichsten psychologischen Nebenwirkungen hervor – hält uns fortwährend in Atem, reißt uns aus unserem eigenen Leben heraus. Zugleich schreibt sich die Serie in einen neuen, weitschweifigen, schwankenden Rhythmus der Welt ein, in deren chaotische Kommunikation, Unbeständigkeit und Liquidität. Unter allen Erzählformen sucht das serielle Erzählen heute wohl auf die kreativste Weise nach einer neuen Formel. In diesem Sinne wird hier tatsächlich ernsthaft an den Narrationen der Zukunft gearbeitet, an der Anpassung der Erzählweise an eine neue Realität.

Fest steht, dass wir heute in einer Welt des Informationsüberflusses leben – mit einander widersprechenden, einander ausschließenden

Informationen, die einen Kampf mit Zähnen und Klauen gegeneinander führen.

Unsere Vorfahren glaubten, dass der Zugang zu Wissen den Menschen nicht allein Glück, Wohlergehen, Gesundheit und Reichtum gewähren, sondern auch für gesellschaftliche Gleichheit und Gerechtigkeit sorgen würde. Was der Welt in ihren Augen fehlte, war ein allen Menschen zugängliches fundiertes Wissen.

Johann Amos Comenius, der große Pädagoge des 17. Jahrhunderts, prägte den Begriff der »Pansophie«, der die Idee einer möglichen Omniszienz mit einschloss, eines universellen Wissens, das jede nur mögliche Erkenntnis umfasste. Zu dieser Idee gehörte auch – oder vor allem – der Traum von einer allgemeinen Verbreitung des Wissens. Denn würde der Zugang zu Informationen über die Welt nicht den Bauern, der des Lesens und Schreibens unkundig war, in ein reflektiertes, sich seiner selbst und der Welt bewusstes Individuum verwandeln? Würde ein leicht verfügbares Wissen die Menschen nicht besonnener und klüger in ihren Lebensentscheidungen machen?

In der Anfangszeit des Internets schien es für eine Weile, als ließe sich diese Idee endlich zur Gänze verwirklichen. Die freie Enzyklopädie Wikipedia, die ich bewundere und unterstütze, wäre Comenius und vielen anderen Denkern jener Strömung vermutlich wie die Erfüllung des größten Traumes der Menschheit erschienen: ein gewaltiger Vorrat an Wissen, laufend ergänzt und aktualisiert, von nahezu jedem Ort dieser Welt abrufbar.

Träume, die in Erfüllung gehen, erweisen sich jedoch oft als enttäuschend. So hat sich gezeigt, dass wir diese geballte Menge an Informationen gar nicht aufnehmen können, dass dieses Wissen uns nicht eint und befreit, sondern entzweit und trennt, uns in kleine Blasen einschließt und eine Vielzahl einander widersprechender, ja widerstreitender Narrative kreiert.

Überdies verfügt das Internet, das ohne regulierende Maßnahmen den Prozessen des Marktes und der freien Hand spekulierender Monopolisten überlassen bleibt, über gigantische Datenmengen, die auf ganz und gar nicht »pansophische« – wissensverbreitende – Weise eingesetzt werden, sondern im Gegenteil vor allem der Manipulation seiner Nutzer dienen, wie wir seit dem Cambridge-Analytica-Skandal wissen. Statt einer Harmonie der Welt vernehmen wir eine Kakophonie, ein unerträgliches Getöse, das uns verzweifelt auf eine kleine Melodie, auf den leisesten Rhythmus lauschen lässt. Folgende Paraphrase eines Shakespeare-Zitats passt hier mehr denn je: Immer häufiger ist das Internet eine Fabel, erzählt von einem Idioten, voll mit Schall und Wahn.

Auch die Studien von Politologen widersprechen leider der Einschätzung des Johann Amos Comenius, der davon ausging, dass die Politiker umso mehr ihren Verstand nutzen und durchdachte Entscheidungen treffen würden, je mehr

Wissen allgemein zugänglich wäre. Es sieht ganz danach aus, als wäre es doch nicht so einfach. Wissen kann erdrückend wirken: Allzu komplex und vieldeutig, löst es die unterschiedlichsten Abwehrmechanismen aus – von Verweigerung und Verdrängung bis hin zur Flucht in vereinfachende, ideologische Denkmuster und Parteiendenken.

Die Diskussion um Fake News wirft neue Fragen auf, was eigentlich »Fiktion« ist. Sind Leser mehrere Male hinters Licht geführt worden oder Fehlinformationen aufgesessen, entwickeln sie eine spezifische neurotische Idiosynkrasie. Als Reaktion auf diese Fiktionsverdrossenheit kann der wachsende Erfolg nicht-fiktionaler Literatur angesehen werden, die uns über das ganze Informationschaos hinweg zuzurufen scheint: »Ich erzähle euch die Wahrheit, die reine Wahrheit! Meine Story basiert auf harten Fakten!«

Seit die Lüge zu einer – wenngleich immer noch reichlich primitiven – Massenvernichtungswaffe geworden ist, hat sich das Vertrauen der Leser in die Fiktion verflüchtigt. Immer häufiger stellt man mir die Frage, und Ungläubigkeit schwingt darin mit: »Ist es denn wahr, was Sie da geschrieben haben?« Und jedes Mal habe ich das Gefühl, das Ende der Literatur sei nahe – klingt doch diese in der Wahrnehmung der Leser harmlose Frage für schriftstellerische Ohren wahrhaft apokalyptisch. Was soll ich darauf antworten? Wie lässt sich der ontologische Status eines Hans Castorp, einer Anna Karenina oder eines Pu der Bär erklären?

Ich halte diese Art Wissbegier vonseiten des Lesers für einen zivilisatorischen Rückschritt. Sie ist Ausdruck einer gestörten Fähigkeit zur multidimensionalen (konkreten, historischen, aber auch symbolischen, mythischen) Teilnahme an der Ereigniskette, die sich unser Leben nennt. Das Leben besteht aus Ereignissen – doch erst, wenn wir sie interpretieren können, wenn wir sie zu verstehen und ihnen Sinn zu verleihen suchen, werden diese Ereignisse zu

Erfahrung. Ereignisse sind Fakten – Erfahrung ist etwas unvergleichlich anderes. Die Erfahrung, nicht das Ereignis, ist es, was unser Leben ausmacht. Auch die Erfahrung ist ein Faktum, aber sie beruht auf Interpretation und hat sich so in unserem Gedächtnis verankert. Darüber hinaus steht sie in Bezug zu unserem geistigen Fundament, zu einer tieferen Bedeutungsstruktur, über die wir unser Leben breiten können, um es genau in Augenschein zu nehmen. Ich glaube, dass der Mythos die Funktion einer solchen Struktur erfüllt. Ein Mythos hat sich bekanntermaßen nie wirklich ereignet – und ereignet sich zugleich immer. Heute beschränkt der Mythos sich nicht auf die Abenteuer antiker Helden, sondern wird in allseits bekannten und beliebten Geschichten verarbeitet – in Filmen, Spielen, Literatur. Die Bewohner des Olymp sind nach Denver gezogen, und die Heldentaten vollbringt nun Lara Croft.

Innerhalb der hitzig umkämpften Einteilung in »wahr« und »falsch« besitzt eine literarische

Geschichte unserer Erfahrung eine ganz eigene Dimension. Ich war nie für eine strikte Grenzziehung zwischen »fiktional« und »nicht-fiktional« – es sei denn, es ginge nur um eine Klärung der Begrifflichkeiten. In der Flut von Definitionen, die es für den Begriff »Fiktion« gibt, gefällt mir die älteste am besten, die auf Aristoteles zurückgeht und besagt, dass Fiktion immer eine Art von Wahrheit sei.

Überzeugend finde ich auch, was der Schriftsteller und Essayist E. M. Forster feststellte. Literatur beginne dann, wenn wir versuchten, Ereignisse mithilfe unseres Erfahrungsschatzes zu verstehen und einzuordnen, also beim Übergang von der Frage »Was geschah dann?« zur Frage »Warum geschah es?« – selbst wenn wir diese Frage immer wieder mit einem simplen »Ich weiß es nicht« beantworten sollten.

Somit stellt die Literatur Fragen, auf die Wikipedia keine Antworten bereithält – verlassen diese Fragen doch den Bereich der reinen Fakten und Ereignisse und knüpfen direkt an unsere Erfahrung an.

Gut möglich ist allerdings, dass der Roman und die Literatur schlicht und einfach zu narrativen Randerscheinungen werden. Dass die bildhafte Darstellung, die neuen Formen direkter Erfahrungsvermittlung – Kino, Fotografie, Virtual Reality, Augmented Reality – eine wirkliche Alternative zum klassischen Lesen darstellen werden.

Lesen ist ein recht komplexer psychologischer Perzeptionsprozess. Um es vereinfacht zu sagen: Zunächst wird ein schwer greifbarer Inhalt konzeptualisiert, verbalisiert, in Zeichen und Symbole umgewandelt, um anschließend wieder in die Erfahrung »zurückentschlüsselt« zu werden. Das setzt eine gewisse intellektuelle Kompetenz voraus. Vor allem aber verlangt es Aufmerksamkeit und Konzentration – zwei in unserer heutigen Welt mit ihren zahlreichen Ablenkungen zunehmend seltene Gaben.

Bei der Vermittlung und Kommunikation von Erfahrung hat die Menschheit einen langen Weg zurückgelegt, von der mündlichen Weitergabe, die sich auf das gesprochene Wort und das menschliche Gedächtnis verlassen musste, über die Gutenberg-Revolution, seit der Geschichten durch Schrift kodifiziert, festgehalten und verbreitet werden und sich ohne jegliche Abweichung vervielfältigen lassen. Die größte Errungenschaft innerhalb dieser Entwicklung war der Moment, in dem wir das Denken an sich mit Schrift gleichsetzten – mit der konkreten Anwendung von Ideen, Kategorien, Symbolen. Heute stehen wir vor einer ähnlich bedeutenden Revolution: Erfahrung kann direkt vermittelt werden, ohne den Zwischenschritt über das gedruckte Wort.

Ein Reisetagebuch braucht man nicht mehr zu führen, wenn man alles fotografieren und diese Fotos via Social Media in die Welt verschicken kann, unverzüglich und an jeden. Auch Briefe muss man nicht mehr schreiben, wenn jederzeit ein Telefon zur Hand ist. Wozu dicke Romane wälzen, wenn man sich in eine Streamingserie vertiefen kann? Leichter, als Freunde in der Stadt zu treffen, ist es, online mit ihnen zu spielen. Autobiographien lesen? Überflüssig, wenn man doch das Leben der Stars detailliert auf Instagram mitverfolgen kann.

Anders als wir im 20. Jahrhundert meinten, als wir den Einfluss von Kino und Fernsehen fürchteten, ist heute nicht das Bild der größte Gegner des Textes – nein, es ist die völlig andere, direkt auf unsere Sinne einwirkende Dimension der Weltwahrnehmung.

III

Ich will an dieser Stelle kein groß angelegtes Szenario einer Krise des Welt-Erzählens entwerfen. Aber ich habe häufig das Gefühl, als fehle der Welt etwas, wenn wir sie ausschließlich über unseren Bildschirm erfahren, als werde sie gewissermaßen irreal, zweidimensional, fern und unbestimmt – und das, obwohl der Zugriff auf konkrete Informationen erstaunlich leicht ist. Ein vages »irgendwer«, »irgendwas«, »irgendwo«, »irgendwann« kann heutzutage beängstigender sein als konkrete, fest umrissene Ideen, die man im Brustton der Überzeugung verkündet: Die Erde ist flach, Impfungen sind tödlich, die Erderwärmung Unsinn und die Demokratie so mancher Länder ganz und gar nicht in Gefahr. »Irgendwo« ertrinken »irgendwelche« Menschen beim Versuch, das Meer zu überqueren. »Irgendwo« ist seit »irgendwann« »irgendein« Krieg im Gange. Im Überfluss an Informationen verlieren die einzelnen Nachrichten ihre Konturen, werden irreal, entfallen unserem Gedächtnis und gehen ganz verloren.

Der Flut von Dummheit, Grausamkeit, Hate Speech und Bildern der Gewalt werden hektisch allerhand »gute Nachrichten« entgegengesetzt, doch auch sie können einen bestimmten Eindruck nicht vertreiben, der sich hartnäckig aufdrängt, aber schwer in Worte fassen lässt: Etwas stimmt nicht mit der Welt. Dieses Gefühl, das einst neurotischen Dichtern vorbehalten war, greift heute als eine nebulöse, von allen Seiten herankriechende Unruhe epidemisch um sich.

Die Literatur ist einer der wenigen Bereiche, die uns nahe bei den Tatsachen der Welt halten wollen. Literatur ist nämlich per se »psychologisch«: Sie setzt ihren Fokus auf die inneren Beweggründe und Motivationen der Figuren und deckt deren Erfahrung auf, die sonst niemand anderem zugänglich wäre, oder sie regt den Leser an, das Verhalten der Figuren psychologisch zu interpretieren. Nur die Literatur ermöglicht es uns, tief in das Leben eines anderen Wesens einzudringen; dank ihr können wir dessen Beweggründe nachvollziehen, seine Gefühle, sein Schicksal durchleben.

Eine Geschichte kreist immer um den Sinn – selbst wenn sie es nicht direkt einräumen mag, ja sich programmatisch von der Sinnsuche distanziert, wenn sie den Fokus auf Form oder Experiment legt, eine Rebellion der Form inszeniert und nach neuen Ausdrucksmitteln sucht. Auch bei der Lektüre eines behavioristischen Romans stellen wir uns unweigerlich die Fragen »Warum geschieht das?«, »Was bedeutet das?«, »Was ist der Sinn?«, »Wohin soll das führen?«. Vermutlich ist unser Verstand sogar schon dahingehend geformt, dass er den Abermillionen Reizen um uns durch Geschichten einen Sinn verleiht – sodass wir selbst im Traum unentwegt Geschichten spinnen. Eine Geschichte zu entwerfen bedeutet, unendlichen Mengen von Informationen einen Platz in Vergangenheit, Gegenwart oder Zukunft zuzuweisen, sie damit als wiederholbar zu deklarieren und innerhalb der Kategorien von Ursache und Wirkung zuzuordnen. An diesem Vorgang sind sowohl Verstand als auch Gefühl beteiligt.

Es nimmt also nicht wunder, dass eine der frühesten Entdeckungen, zu denen die Menschen durch Geschichten fanden, das Fatum war, das ihnen einerseits zwar furchterregend und grausam erschien, andererseits aber die Wirklichkeit ordnete und stabilisierte.

IV

Die Frau auf dem Foto, meine Mutter, die mich vermisste, obwohl ich noch gar nicht da war, las mir einige Jahre später Märchen vor.

In einem dieser Märchen, es stammt von Hans Christian Andersen, beklagt sich eine Teekanne, sie sei von den Menschen grausam behandelt worden – sie hätten sie auf den Müll geworfen, sobald ihr Henkel abgebrochen war. Dabei hätte sie ihnen doch weiter dienen können, wenn die Menschen bloß nicht so anspruchsvoll wären. Andere zerbrochene Dinge fielen in die Klage der Kanne ein und erzählten wahrhaft epische Geschichten über ihr kurzes gegenständliches Leben.

Als Kind lauschte ich diesem Märchen mit heißen Wangen und Tränen in den Augen, in dem festen Glauben, auch Dinge hätten ihre Probleme, Gefühle und sogar eine Art gesellschaftliches Leben, vergleichbar dem menschlichen. Die Teller in der Anrichte unterhielten sich miteinander, das Besteck in der Schublade bildete eine weitverzweigte Familie. Und auch Tiere waren für mich geheimnisvolle, kluge und sich ihres eigenen Ichs bewusste Wesen, mit denen wir Menschen seit jeher spirituell verbunden waren und viele Gemeinsamkeiten hatten. Flüsse, Wälder, Wege besaßen ebenfalls eine eigene Existenz – sie waren lebendige Wesen, die unseren Raum prägten und ein Gefühl der Zugehörigkeit entstehen ließen, einen mysteriösen *Raumgeist*. Lebendig waren auch die Landschaft um uns herum, Sonne und Mond, sämtliche Himmelskörper. Die ganze sichtbare und unsichtbare Welt.

Wann kamen mir die ersten Zweifel? Manchmal forsche ich nach dem Moment in meinem Leben, in dem gleichsam mit einem Klick alles anders wurde, simpler, weniger nuanciert. Das Flüstern der Welt verstummte, an seine Stelle traten die Geräusche der Stadt, das Brummen von Computern, das Dröhnen der Flugzeuge über unseren Köpfen und das aufreibende weiße Rauschen der Informationsfluten.

In einem bestimmten Moment unseres Lebens beginnen wir die Welt fragmentarisch zu sehen, in Bruchstücken, zwischen denen ganze Galaxien liegen – und die Realität, in der wir leben, bestätigt uns darin: Ärzte behandeln uns nach Spezialgebieten, unsere Steuern stehen in keiner Verbindung zur Schneeräumung auf dem Weg zu unserem Arbeitsplatz, unser Mittagessen hat nichts mit Massentierhaltung zu tun und die neue Bluse nichts mit ausbeuterischen Textilfabriken in Asien.

Alles ist getrennt voneinander, lebt ein eigenes Leben ohne Verbindung zu anderen Bruchstücken der Welt.

Damit wir all das leichter ertragen, bekommen wir Nummern, Identifikatoren, Karten – plumpe Plastikidentitäten, die uns auf die Nutzung nur eines Bruchteils jenes Ganzen, das wir bereits aus den Augen verloren haben, beschränken wollen.

Die Welt liegt im Sterben, doch nicht einmal das bemerken wir. Wir bemerken nicht, dass sie allmählich zu einem Sammelsurium von Dingen und Ereignissen wird, zu einem leblosen Raum, in dem wir einsam und verloren herumstolpern, hin- und hergeworfen von Entscheidungen, die nicht wir selbst treffen, Sklaven eines unverständlichen Fatums, verfolgt von dem Gefühl, Spielball der Geschichte oder des Zufalls zu sein.

Unsere Spiritualität schwindet, oder sie wird oberflächlich und rituell. Oder aber wir werden zu Gefolgsleuten simpler Kräfte – physischer, gesellschaftlicher oder ökonomischer –, die uns lenken, als wären wir Zombies. Und in einer solchen Welt sind wir das tatsächlich: Zombies.

Deswegen sehne ich mich nach der Welt der Teekanne zurück.

V

Schon mein ganzes Leben lang haben mich die Netze von Verbindungen und gegenseitigen Einflüssen fasziniert, derer wir uns meist gar nicht bewusst sind, die wir rein zufällig entdecken und für erstaunliche Fügungen halten, für seltsame Übereinstimmungen – all diese Brücken, Schrauben, Bolzen und Verbindungsstücke, die ich in meinem Roman *Unrast* nachvollziehe.

Mich fasziniert das Zusammenstellen von Fakten, die Suche nach einer Ordnung. Im Grunde – davon bin ich überzeugt – ist der Verstand eines Schriftstellers ein synthetischer Verstand, der wie besessen alle erdenklichen Bruchstücke sammelt und sie wieder zu einem Universum der Ganzheit zusammenzukleben versucht.

Wie soll man schreiben, wie eine Geschichte konstruieren, die in der Lage wäre, eine solch gewaltige konstellative Form der Welt zu stemmen?

Natürlich bin ich mir bewusst, dass die Rückkehr zur früheren Form des Welt-Erzählens unmöglich ist – zu jener, die wir aus Mythen, Märchen und Legenden kennen, als die mündliche Erzählung die Welt in ihrer Existenz erhielt. Heute müsste die Erzählung viele Dimensionen mehr aufweisen und um einiges komplexer sein. Schließlich wissen wir tatsächlich um vieles mehr, kennen die unglaublichen Verbindungen scheinbar weit auseinanderliegender Dinge.

Sehen wir uns einen bestimmten Moment in der Weltgeschichte an – den Tag, an dem eine kleine Karavelle mit Namen Santa Maria vom spanischen Hafen Palos in See stechen soll. Es ist der 3. August 1492. Am Steuer des Schiffs steht Christoph Kolumbus. Die Sonne strahlt, am Quai machen sich noch einige Matrosen zu schaffen, Hafenarbeiter schleppen die letzten Kisten Proviant an Bord. Heiß ist es, doch ein lauer Wind von Westen bewahrt die winkenden Familien vor dem Hitzschlag. Möwen stelzen feierlich über die Rampe, verfolgen mit wachem Blick das Treiben der Menschen.

Dieser Moment, den wir nun mit zeitlichem Abstand betrachten, wird den Tod von 56 Millionen der insgesamt fast 60 Millionen amerikanischen Ureinwohner zur Folge haben – die zu jener Zeit rund 10 Prozent der Weltbevölkerung ausmachen. Zum einen bringen ihnen die Europäer unwissentlich tödliche Geschenke: Krankheiten und Bakterien, gegen die die Einwohner Amerikas keine Abwehrkräfte besitzen. Zum Zweiten unterdrücken und morden die Europäer gnadenlos. Die Vernichtung geht über Jahre und verändert das ganze Land. Die bestellten und mit ausgeklügelten Methoden bewässerten Felder, auf denen einst Bohnen und Mais gediehen, Kartoffeln und Tomaten, überwuchert Unkraut. Fast 60 Millionen Hektar urbares Land verwandeln sich im Laufe der Jahre in einen Dschungel.

Bei ihrer Regeneration verbraucht die Pflanzenwelt enorme Mengen Kohlendioxid, was den Treibhauseffekt abschwächt. Dadurch wiederum sinkt die Temperatur der Erde.

Es ist dies eine der vielen wissenschaftlichen Hypothesen über die Entstehung der Kleinen Eiszeit in Europa, einer lang anhaltenden Kälteperiode Ende des 16. Jahrhunderts.

Die Kleine Eiszeit verändert die europäische Wirtschaft. Im Laufe der nächsten Jahrzehnte mindern lange eisige Winter, kühle Sommer und andauernde Niederschläge die Erträge der traditionellen Landwirtschaft. In Westeuropa können die Kleinbauern nicht mehr ihre Familien ernähren. Es kommt zu Hungersnöten; die Landwirtschaft ist gezwungen, sich zu spezialisieren. England und Holland sind am stärksten von der Abkühlung betroffen, sie können ihre

Wirtschaft nicht mehr auf die Landwirtschaft stützen und verlegen sich daher auf Industrie und Handel. Um drohenden Sturmfluten vorzubeugen, entwässern die Holländer Überschwemmungsgebiete, verwandeln Sümpfe und flache Randzonen des Meeres in Festland. Auch in der südlichen Nordsee treten nun Dorschbestände auf – und was eine Katastrophe für Skandinavien ist, erweist sich als vorteilhaft für England und Holland, die zu großen See- und Handelsmächten heranwachsen. Besonders empfindlich macht sich die Abkühlung des Klimas in den skandinavischen Ländern bemerkbar. Die Verbindungen zu Grönland und Island reißen ab, raue Winter verringern die Ernteerträge, Jahre des Hungers und der Not sind die Folge. Bald wirft Schweden begehrliche Blicke gen Süden und zettelt Kriege mit Polen an (der Anmarsch über die zugefrorene Ostsee ist ein Leichtes), auch im Dreißigjährigen Krieg mischt das Land mit.

Die Bemühungen der Wissenschaftler, unsere Wirklichkeit besser zu begreifen, zeigen diese als ein dicht geflochtenes, in sich kongruentes Netz der gegenseitigen Einflüsse. Der berühmte »Schmetterlingseffekt« – der, wie wir wissen, darauf beruht, dass minimale Veränderungen an den Ausgangsbedingungen eines Prozesses viel später kolossale und unberechenbare Folgen zeitigen können – geht nicht von einem einzigen Schmetterling aus, nein, es ist eine unendliche Zahl flatternder Schmetterlinge und bebender Flügel. Eine mächtige, durch die Zeitläufte rollende Welle des Lebens.

Die Entdeckung des »Schmetterlingseffekts« markiert meiner Meinung nach das Ende der Ära, in der die Menschheit unerschütterlich an ihre eigene Wirkungsmacht glaubte, an ihre Fähigkeit zur Kontrolle, ihre erhabene Stellung in der Welt. Das nimmt dem Menschen nicht seine Macht als Baumeister, Entdecker und Erfinder, führt ihm aber vor Augen, dass die Wirklichkeit komplexer ist, als er sich je hätte träumen lassen – und er selbst lediglich ein winziges Teilchen innerhalb der darin ablaufenden Prozesse.

Es gibt zunehmend mehr Beweise, dass rund um den Globus spektakuläre und bisweilen höchst erstaunliche Zusammenhänge existieren.

Uns alle – Menschen, Pflanzen, Tiere, Dinge – umschließt ein und derselbe, von physikalischen Gesetzen regierte Raum. Dieser gemeinsame Raum besitzt seine eigene Gestalt, innerhalb derer die physikalischen Gesetze eine unzählige Menge aufeinander bezogener Formen herausbilden. So erinnert unser Blutkreislauf an weitverzweigte Flussläufe, der Aufbau eines Blattes gleicht einem von Menschen erdachten Verkehrssystem, die Bewegung der Galaxien verläuft strudelnd wie die Wasserwirbel in unseren Waschbecken. Menschliche Gesellschaften entwickeln sich auf ähnliche Weise wie Bakterienkolonien. Mikro- und Makroskala zeigen ein unendliches System der Übereinstimmungen. Unsere Sprache, unser Denken, unser Schaffen sind nicht abstrakt und von der Welt losgelöst, sondern führen deren unentwegten Wandel auf anderer Ebene fort.

VI

Ich denke häufig darüber nach, ob es möglich wäre, heute die Grundfesten für eine neue Universal-Erzählung zu finden, für eine ganzheitliche, allumfassende, in der Natur verwurzelte Narration, die die unterschiedlichsten Kontexte mit einbezieht und dennoch verständlich bleibt.

Ist ein Erzählen möglich, das unser unkommunikatives Gefängnis des »Ich« sprengt, das einen weiteren Bereich der Wirklichkeit eröffnet und gemeinsame Verbindungen aufzeigt? Das den ausgetretenen Pfad der naheliegenden, banalen Binsenweisheiten verlässt und die Dinge ex-zentrisch betrachtet – von einem anderen als dem zentralen, allen Meinungen genügenden Gesichtspunkt?

Ich freue mich, dass die Literatur sich auf wundersame Weise das Recht auf sämtliche Absonderlichkeiten bewahrt hat, auf Phantasmagorien,

Provokationen, auf das Groteske und Verrückte. Mein Traum sind hohe Aussichtspunkte und weite Perspektiven, die den Blick auf Kontexte ermöglichen, die alles je Erwartete überschreiten. Mein Traum ist eine Sprache, die selbst die vagsten Ahnungen in Worte fassen kann; mein Traum ist eine Metapher, die kulturelle Unterschiede überwindet; mein Traum ist eine weit gefasste und grenzüberschreitende Literatur, die den Lesern ans Herz wächst.

Und mein Traum ist ein neuer Erzähler – ein Erzähler in der »vierten Person«. Nicht bloß ein grammatisches Konstrukt, sondern ein Erzähler, der die Perspektive sämtlicher Figuren mit einnimmt und zugleich den Horizont jeder einzelnen überschreitet, der mehr und weiter sieht, der die Zeit außer Acht lassen kann. O ja, ein solcher Erzähler ist möglich.

Haben Sie sich schon einmal gefragt, wer dieser wunderbare Erzähler ist, der in der Bibel mit weithin tönender Stimme verkündet: »Im

Anfang war das Wort«? Der die Schöpfung der Welt beschreibt, ihren ersten Tag, an dem die Wirrnis von der Ordnung geschieden wird? Wer durchlebt sie, die Serie von der Entstehung des Kosmos? Wer kennt Gottes Gedanken, Gottes Zweifel, wer bringt mit sicherer Hand jenen außerordentlichen Satz zu Papier: »Gott sah, dass es gut war«? Wer ist es, der weiß, was Gott dachte?

Wenn wir alle theologischen Fragwürdigkeiten einmal beiseitelassen, erkennen wir, welch große Bedeutung dieser Figur zukommt, diesem mysteriösen und liebevollen Erzähler. Aus seiner Perspektive sieht man alles. Alles zu sehen bedeutet, die Tatsache anzuerkennen, dass alles Existente sich miteinander zu einem Ganzen verbindet, auch wenn wir diese Verbindungen noch nicht erkannt haben. Alles zu sehen bedeutet auch, eine vollkommen andere Verantwortung für die Welt zu tragen, wird doch nun offenbar, dass jede Geste »hier« mit einer Geste »dort« verbunden ist, dass eine Entscheidung in einem Teil der Welt Konsequenzen in einem anderen Teil der Welt zeitigt, dass die Trennung von »mein« und »dein« zu einer strittigen Unterscheidung wird.

Und daraus folgt, dass es offen und ehrlich zu erzählen gilt, so, dass die Geschichten im Geist des Lesers einen Sinn für die Ganzheit anregen, dass sie die Gabe in ihm wecken, Bruchstücke zu einem Muster zu vereinen und in kleinsten Ereignissen die Konstellationen des Ganzen zu erkennen. Geschichten gilt es zu spinnen, in denen deutlich wird, dass alle und alles in einer gemeinsamen Vorstellung eingeschlossen sind, die wir mit jeder Drehung unseres Planeten in unserem Geist erzeugen.

Die Literatur besitzt diese Macht. Die allzu schlichten Kategorien von hoher und minderwertiger Literatur, von Bestseller- und Nischenliteratur müssten verworfen werden, die Unterteilung in Gattungen mit einem Augenzwinkern abgetan. Auf die Bezeichnung einer

»Nationalliteratur« sollten wir verzichten, schließlich wissen wir nur zu gut, dass der Kosmos der Literatur ein Ganzes ist, wie die Idee des *unus mundus*, die Idee einer gemeinsamen psychischen Wirklichkeit, in der sich menschliche Erfahrung vereint und Autor und Leser gleichwertige Rollen einnehmen – der eine, weil er Literatur schafft, der andere, weil er diese Literatur einer unablässigen Interpretation unterzieht.

Vielleicht sollten wir auf das Bruchstückhafte, das Fragment vertrauen, bilden doch Fragmente zusammengenommen Konstellationen, die mehr beschreiben, in komplexerer Weise, multidimensional. Unsere Geschichten könnten sich unendlich aufeinander beziehen, ihre Figuren in Relation zueinander treten. Ich denke, es kommt eine Neudefinition dessen auf uns zu, was wir heute unter »Realismus« fassen; wir müssen nach einem Begriff suchen, der uns die Überschreitung der Grenzen unseres Ego gestattet, der uns den Bildschirm durchdringen lässt, durch den wir die Welt betrachten. Unser Bedürfnis nach Realität wird heute schließlich durch die Medien, durch Social Networking, durch indirekte Online-Beziehungen bedient. Vielleicht ist das, was unausweichlich auf uns zukommt, eine Art Neo-Surrealismus – neu verteilte Sichtweisen, die nicht die Konfrontation mit dem Paradoxen scheuen und die sich gegen die simple Einordnung nach Ursache und Wirkung sträuben. Denn surreal ist unsere Realität ja bereits. Ich bin mir auch sicher, dass viele Geschichten innerhalb der neuen intellektuellen Kontexte umgeschrieben werden müssten, inspiriert durch neue wissenschaftliche Theorien. Genauso wichtig erscheint es mir aber, dass dabei immer wieder an die Mythen und das gesamte menschliche Imaginarium angeknüpft wird. Sich auf die geschlossenen Strukturen der Mythologie zu besinnen, könnte in dem Zustand der Unbestimmtheit, in dem wir heute leben, zu einem Gefühl der Stabilität beitragen. Ich glaube fest daran, dass Mythen das Fundament unserer Psyche bilden und nicht ignoriert werden können (man kann sich höchstens ihres Einflusses nicht bewusst sein).

Sicherlich taucht bald ein Genie auf, das eine völlig andere, jetzt noch unvorstellbare, alles Wesentliche umfassende Erzählweise konstruiert. Ein solches Erzählen wird gewiss etwas in uns bewirken, sodass wir die alten, einengenden Perspektiven verwerfen und uns neuen Sichtweisen öffnen können – die schließlich schon immer existiert haben, nur dass wir blind für sie gewesen sind.

In seinem *Doktor Faustus* schreibt Thomas Mann von einem Komponisten, der eine neue Art der absoluten Musik ersinnt, die das menschliche Denken verändern kann. Was Mann jedoch nicht schildert, ist ihre Form; er schafft lediglich eine Vorstellung davon, wie diese Musik klingen könnte. Vielleicht besteht die Rolle des Künstlers eben darin – einen Vorgeschmack darauf zu geben, was sein könnte, und so dafür zu sorgen, dass es vorstellbar wird.

Und Vorstellbarkeit ist schließlich die erste Stufe des Seins.

VII

Ich schreibe fiktionale Geschichten, doch sind diese Geschichten niemals gänzlich »erfunden«. Wenn ich schreibe, muss ich alles in mir fühlen. Der Weg aller Wesen und Dinge in meinen Büchern, alles Menschlichen und Außer-Menschlichen, alles Lebendigen und Nicht-mit-Leben-Beschenkten führt durch mich. Jedes Ding und jede Person betrachte ich lange und aufmerksam, um sie zu verkörpern, zu personifizieren.

Dazu dient mir mein liebevoller Blick – denn liebevoll zu sein ist die Kunst der Verkörperung, der Einfühlung, der fortwährenden Suche nach Gemeinsamkeiten. Eine Geschichte zu erzählen bedeutet, Leben zu verleihen und all die Bruchstücke der Welt – die menschlichen Erfahrungen, durchlebten Situationen, Erinnerungen – zur

Existenz zu bringen. Eine liebevolle, zugeneigte Betrachtung personifiziert alles, auf das sie sich bezieht. Sie lässt ihm Raum und Zeit, sich zu entwickeln, sie ermöglicht es, ihm Ausdruck zu verleihen, eine Stimme zu geben. Liebevolle Zuneigung bringt die Teekanne zum Sprechen.

Die liebevolle Zuneigung ist die bescheidenste Form der Liebe. Sie findet keine Erwähnung in der Heiligen Schrift oder in den Evangelien, niemand schwört bei ihr, niemand beruft sich auf sie. Sie besitzt keine Embleme, keine Symbole, sie bietet keinen Grund für Verbrechen oder Eifersucht.

Stattdessen taucht sie überall dort auf, wo wir unseren Blick eingehend und behutsam auf ein anderes Sein richten, auf etwas, das nicht »Ich« ist.

Liebevolle Zuneigung ist spontan und selbstlos, sie geht weit über empathisches Mitfühlen hinaus. Vielmehr ist sie eine bewusste – bisweilen vielleicht etwas melancholische – Einfühlung in ein anderes Leben, ein anderes Schicksal.

Der liebevolle Blick bedeutet, ein anderes Sein anzunehmen und aufzunehmen, in seiner Zerbrechlichkeit, seiner Einzigartigkeit, seiner Wehrlosigkeit gegen Leiden und das Wirken der Zeit.

In der zugeneigten Betrachtung entdecken wir Bande zwischen uns, Gemeinsamkeiten und Übereinstimmungen. Sie zeigt die Welt als lebend und lebendig, als ineinander verbunden, voneinander abhängend, zusammenwirkend.

Literatur gründet auf der liebevollen Zuneigung, die wir jedem anderen Sein entgegenbringen. Und das ist der entscheidende psychologische Mechanismus des Romans. Dem wunderbaren Instrument der liebevollen Zuneigung – der raffiniertesten Art menschlicher Kommunikation – ist es zu verdanken, dass unsere Erfahrung durch die Zeit reisen und jene erreichen kann, die noch nicht geboren sind, aber einmal das zur Hand nehmen werden, was wir über uns und unsere Welt erzählt haben.

Ich weiß nicht, wie ihr Leben aussehen wird, wer sie sein werden. Doch ich denke häufig an sie, voller Schuldgefühl und Scham.

Die klimatische und politische Krise, in der wir uns heute zurechtfinden müssen und die wir zu überwinden suchen, um die Welt zu retten, kommt nicht von ungefähr. Häufig vergessen wir, dass sie kein Fatum, kein Schicksalsschlag ist, sondern das Ergebnis ganz konkreter Schritte und wirtschaftlicher, gesellschaftlicher, weltanschaulicher (auch religiöser) Entscheidungen.

Gier, mangelnde Achtung vor der Natur, Egoismus, Phantasielosigkeit, ein nicht enden wollender Wettstreit haben die Natur zu einem Ding gemacht, zu einem Objekt, das man in Stücke schneiden, benutzen und zerstören kann.

Und deswegen glaube ich fest daran, dass ich so erzählen muss, als wäre die Welt eine lebendige, vor unseren Augen immerfort im Werden begriffene Einheit – und wir ein kleiner und zugleich mächtiger Teil dieser Welt.

Wie Übersetzer die Welt retten

Essay

Bisweilen nehme ich gern eine panoptische Perspektive ein und schaue mir – wenigstens für einen Moment – alles von oben an. Dann kann man unsere menschliche Welt als eine Ansammlung von weit gestreuten Kolonien selbstzufriedener Organismen sehen, die sich leicht an wechselnde Gegebenheiten anpassen, einen ausgeprägten Ausbreitungsdrang besitzen und miteinander rivalisieren, jedoch ebenso fähig sind zu Selbsterkenntnis und Kooperation.

Ein unersetzliches Element innerhalb dieser organischen Struktur sind die Übersetzer von Büchern. Sie sind Teil einer Art leitenden Nervengewebes, eines Netzes, das Informationen von einer Stelle des Gebildes an eine andere übertragen hilft. Durch den Geist der Übersetzer verlaufen die Grenzen zwischen unterschiedlichen Welten, und ihre Gabe ermöglicht es ihnen, diese Grenzen zu überschreiten, zu verwischen und in den Alembiken ihrer Computer den Stein der Weisen unserer heutigen Zeit herzustellen – Universalität.

Kaum verwunderlich also, dass den Übersetzern seit Jahrhunderten der Gott Hermes als Patron und Beschützer gilt. Von geringem Wuchs, wieselflink, listig eilt »der kleinste und gerissenste aller Götter«, um es mit Plutarchs Worten zu sagen, über die Wege und Straßen dieser Welt. Flatterndes langes Haar, Flügelhelm, den Hermesstab in der Hand, ist er überall und nirgends. Eine Gottheit schwer bestimmbaren Geschlechts. Eine Gottheit der Synthese, der Verknüpfung des Fernliegenden, der Schläue, mit Sinn für Humor und einer Neigung zu List und Tücke. Der Gott der Händler, Kaufleute, Handwerker, Glücksspieler.

Hermes ist es, der uns auf Reisen begleitet; seine Stimme spricht zu uns aus Reiseführern und Wörterbüchern. Er ist es, der uns durch unwegsames Gelände geleitet, der uns das Kartenlesen lehrt, uns über Grenzen führt. Vor allem aber ist er bei jeder Form der Kommunikation zur Stelle. Öffnen wir den Mund, um jemandem etwas mitzuteilen, ist Hermes da. Lesen wir Zeitung, surfen wir im Internet, versenden wir eine SMS – Hermes ist da. Ein Hermestempel der heutigen Zeit müsste mit Druckern, Telefonen und Kopierern ausgestattet sein.

Einer seiner Titel ist der des Hermeneutes – des Deuters und Übersetzers. Und die Hohepriesterinnen und Hohepriester in einem Hermestempel wären heute die Übersetzerinnen und Übersetzer, berührt ihre Arbeit doch das Wesen dieser Gottheit: Sie verbindet Menschen durch Sprachen, aber auch über Sprachgrenzen hinweg und überführt die menschliche Erfahrung von einer Kultur in die andere.

Ich habe eine große Schwäche für diesen Gott und fühle mich eng mit ihm verbunden. Doch nun möchte ich zunächst – aus einer gewissen Lust am Widerspruch vielleicht oder aus dem

Gefallen am Paradoxen – ein Loblied auf das Nichtverstehen singen.

Es war einmal eine moderne junge Frau, die ließ sich in ihrer Begeisterung für die schönen chinesischen Schriftzeichen ein paar hübsch anzusehende Wörter auf ihren Nacken tätowieren. Die Bedeutung dieser Wörter musste jeden Kenner der chinesischen Sprache in Erstaunen versetzen, sprachen sie doch folgende Mahnung aus: »Nicht wieder einfrieren!«

Diese Begebenheit illustriert eine Unschuld, die nur dem Hochmütigen primitiv oder bemitleidenswert erscheinen kann. Gewöhnlich ruft sie Erheiterung hervor; schließlich sind jedem von uns schon ähnliche Missverständnisse unterlaufen. Etwas falsch oder nicht zu verstehen bedeutet Einsamkeit und eine Distanz, die sich immer dann einstellt, wenn man als Einziger den Kontext nicht kennt. Dies ist die eindringlichste und schamvollste Erfahrung von Introversion – wir schämen uns, wenn wir etwas nicht verstehen.

Unsere Kultur erzieht uns dazu, alles verstehen zu wollen, und gibt uns so die Möglichkeit der Kontrolle über die Welt. Einem Menschen, der etwas nicht versteht, ist diese Möglichkeit genommen.

Manchmal aber wird das Nichtverstehen auch zum befreienden Erlebnis. Solche Momente ereignen sich meist auf Reisen in die Ferne: Wir kommen an einen Ort, an dem uns alles anders, neu, unbegreiflich erscheint. Fremde Gerüche überwältigen uns, die Farben haben eine andere Tönung, eine andere Intensität, wir atmen eine andere Luft. Die Körpersprache der Menschen, denen wir begegnen, stürzt uns in Verwirrung, ihre Sprache scheint unergründlich, die Buchstaben des Alphabets erinnern an exotische Schlingpflanzen für einen Steingarten.

Nach dem unvermeidlichen Anflug von Panik geht unser Atem allmählich langsamer, während unser Hirn auf Hochtouren zu arbeiten beginnt; es sucht in der neuen Wirklichkeit nach bekannten Elementen, beliebigen Anhaltspunkten. Im Chaos der Eindrücke entdecken wir das Wort »*bike*« oder den Namen einer internationalen Firma und stellen erleichtert fest, dass wir uns immer noch in derselben Welt befinden, bloß in einer anderen Variante.

Nach einigen Tagen fruchtloser Mühen, in denen unser Verstand wieder und wieder Zeichen mit Situationen zu verknüpfen sucht, kommt unser Hirn zur Ruhe – vielleicht erliegt es auch nur der Flut unverständlicher Reize – und verfällt in einen gleichsam meditativen Zustand. Wir erfassen Zeichen nicht mehr als Informationsträger, sondern als ästhetische Muster, als etwas Organisches, Natürliches, als Formen ohne Bedeutung – so wie wir im ersten Impuls die Natur wahrnehmen, als sinnfreies Kommunikat. Werbeslogans sprechen uns nicht mehr an, sind nurmehr farbige Flecken auf Bannern, Firmenschilder werden zu bloßen Ornamenten über Eingangstüren, Fahrkarten zu Zetteln, die einfach keine unbeschriebenen Blätter bleiben wollten …

Die menschliche Sprache aus dem Mund der Vorübergehenden erinnert an Vogelgezwitscher, wir lauschen ihr und hören einzelne Laute, ohne ihnen einen Sinn beizumessen. Wir betrachten die Bewegung der Lippen, das Spiel der Gesichtsmuskeln, den Tanz der Brauen. Mit den Augen folgen wir den Bewegungen der Hände, des ganzen Körpers. Manche scheinen uns vertraut: ein Nicken, ein Lächeln, andere wiederum – ein Wedeln mit der Hand vor dem Gesicht, ein rasches Zurückwerfen des Kopfes – sagen uns gar nichts. Jede dieser Bewegungen jedoch, ob sie uns nun bekannt oder fremd erscheint, verlangt nach Übersetzung – und allzu oft kommt es dabei zu Missverständnissen. Jede Geste könnte Unwillen oder auch Sympathie bedeuten, Zustimmung oder Abwehr.

Reisen in ferne Länder sind stets eine Übung im Fremdsein. Das spürte Marco Polo, als er an den Hof des Kaisers von China kam, und das spürt der heutige Reisende, der bei einem Spaziergang in der Dämmerung, vielleicht durch Jodhpur in

Rajasthan, in einen seltsamen und schwindelerregenden Zustand gerät: das Aussetzen des eigenen Seins. Er versteht nichts, gehört nirgends dazu, niemand interessiert sich für ihn. Durch die Unkenntnis der lokalen Sprache treten die groben Nähte deutlicher zutage, die unser illusorisches Weltbild zusammenhalten – dass wir uns die Welt zu eigen gemacht hätten und sie kontrollierten –, während wir selbst an Distanz gewinnen und unseren Blick über die Schichten von Zeichen und Konventionen schweifen lassen. Wir überlassen uns ganz dem Zufall und erliegen unseren Illusionen, wenn wir zum Beispiel, verleitet durch die bekannt erscheinende Ordnung der Buchstaben, auf einer Speisekarte ein Gericht auswählen.

Eben das ist mir kürzlich auf einer Reise durch Rumänien passiert, als ich in einem Imbiss am Straßenrand, in dem auch LKW-Fahrer aßen, ein Gericht bestellte: *Zama de cocos de casa si taitei de casa*. Mein hungriger, ungeduldiger, vegetarischer Verstand assoziierte den Namen mit einer

Thai-Suppe mit Kokosmilch. Sein übereilter Schluss erwies sich jedoch als verfehlt: Die Kellnerin brachte hausgemachte Hühnerbrühe mit hausgemachten Nudeln.

Dieser eigentümliche Zustand ist im Grunde ein kreativer: Er mobilisiert unseren Geist zu intensivem Arbeiten und bringt ihn dazu, all sein über Jahre gesammeltes Kapital an Wissen, Erfahrung und Intuition zu nutzen. Die angeregte Vorstellungskraft wird zum großen Helfer und zugleich zum hinterhältigen Feind.

Ich bin der Meinung, ein jeder sollte diesen wunderbaren Zustand der Unschuld wenigstens ein Mal erfahren, den Zustand vor dem Verstehen, vor dem Erfassen der Welt durch den Verstand und durch die Netze von Verbindungen, Beziehungen, Assoziationen, die unsere Welterfahrung in einem bestimmten Rahmen halten und uns die Illusion vermitteln, die Welt werde durch unveränderliche, wiederholbare Gesetze regiert, sei einigermaßen stabil und zuverlässig. Dieser Zustand führt uns deutlich vor Augen, dass es Welten gibt, die nach ganz anderen Regeln funktionieren als die unsrige, deshalb aber weder besser noch schlechter sind. Dass unsere Ordnung eine unter vielen ist und dass wir uns in ihr wohlfühlen, weil wir sie gewohnt sind.

Als Hermes eben erst geboren war und in seiner Wiege lag, als noch niemand daran dachte, dieser Säugling könne besondere Gaben besitzen – auch wenn er der Sohn von Zeus höchstselbst war –, entwischte der kleine Gott aus dem Haus und entführte seinem Bruder Apollon eine Herde Rinder. Um mögliche Verfolger zu täuschen, umwickelte er die Hufe der Tiere mit Häuten, sodass sie keine Abdrücke hinterließen. Er versteckte die Rinderherde, dann kehrte er in seine Wiege zurück.

Die schöne Geschichte, die ich nun erzählen möchte, sollten alle Übersetzer in ihrem mythologischen Dossier aufbewahren – beweist sie doch, dass sie es waren, die die zivilisierte Welt gerettet haben.

Nach dem Niedergang des Römischen Reiches, unter dem Ansturm plündernder Barbaren auf Europa schien es, als sollte der ganze intellektuelle Reichtum der Antike verloren gehen. Und tatsächlich verschwand vieles unwiederbringlich – dass dennoch einiges gerettet werden konnte, ist vor allem den arabischen Kalifen aus der Abbasiden-Dynastie zu verdanken, die ab dem 8. Jahrhundert weite Landstriche im Mittelmeerraum und im Nahen Osten beherrschten.

In ihrer Hauptstadt Bagdad gründeten sie eine große, auf Übersetzungen spezialisierte Akademie. In jenem berühmten Haus der Weisheit übertrugen Scharen von Übersetzern nahezu alles in die arabische Sprache, was aus dem Römischen Reich stammte und ihnen in die Hände fiel. Besonders die Griechen hatten es ihnen angetan – Archimedes, Theophrast, Ptolemäus, Hippokrates, Euklid. Und Aristoteles.

Ihr Interesse weckten wissenschaftliche Arbeiten aus Geographie, Astronomie, Medizin, aber auch aus Astrologie und Magie. Sie übersetzten nicht nur griechische Werke, sondern ebenso Texte aus Ägypten, Indien und Persien.

Manch einer mag bedauern, dass sie sich nicht auch für historische Werke begeisterten oder für Lyrik, Epik oder das Drama. Die pragmatischen Bewohner des Ostens befassten sich weder mit Herodot noch mit Homer, Thukydides oder Aristophanes – ihr Interesse galt der Sprachwissenschaft, der Grammatik, der Stilkunde. Höchstwahrscheinlich beabsichtigten sie, auf dieser Grundlage eigene, noch bessere Werke zu schaffen.

Während also über Europa die Rauchschwaden von den verbrannten Überresten seiner untergegangenen Zivilisation aufstiegen, überdauerten deren wichtigste Texte das Frühmittelalter in anderer Sprache in den Regalen der Bagdader und weiterer arabischer Bibliotheken – verborgen wie die von Hermes entführten Rinder des Apollon. All das in einer Zeit, die bekanntermaßen zu den düstersten Kapiteln der europäischen Geschichte zählt – Binnenkriege und Raubzüge von Barbaren machten Städte dem Erdboden gleich und zerstörten Ackerland, Gewalt und Krankheiten forderten scharenweise Menschenleben. Es war eindeutig nicht die Zeit der Bibliotheken.

Die Mühlen der Geschichte mahlen langsam und nach unergründlichen Regeln – und so kehrte die Situation sich um: Nun kam es auf der anderen Seite des Mittelmeerbeckens zu einem ähnlichen Geschehen wie dem oben geschilderten. Die Reconquista – der bewaffnete Kampf der Christen gegen die Mauren auf der Iberischen Halbinsel – wurde erbitterter; zur selben Zeit fanden die Kreuzzüge statt, und eifernde Prediger entfachten die Phantasie mit ihren Geschichten über die Rückeroberung des Heiligen Landes und der arabischen Reichtümer im Nahen Osten.

Die Araber, zurückgedrängt bis in den Süden des heutigen Spaniens, hinterließen reiche, schöne Städte, ihre außergewöhnliche Musik und hochentwickelte Kultur. Und ihre Bibliotheken. Den Heeren der Eroberer folgten Mönche und andere Büchermenschen, die kein anderer Reichtum begeisterte als Schriftrollen und Kodizes. Nun wurden – umgekehrt – Übersetzer vom Arabischen in die christlichen Sprachen benötigt.

Der Erzbischof des rückeroberten Toledo rief die berühmte Übersetzerschule von Toledo ins Leben, deren Übersetzer, akribisch wie Archäologen, Werk um Werk für den Westen wieder zutage förderten.

Häufig wurde zunächst vom Arabischen ins Kastilische und erst danach vom Kastilischen ins Lateinische übersetzt. Latein gefiel den neuen Übersetzern nicht, es erschien ihnen wie eine durch und durch veraltete Sprache, marode wie die Aquädukte des untergegangenen Römischen Reiches.

Die Ausbildung der Schüler zu exzellenten, vertrauenswürdigen Übersetzern nahm viele Jahre in Anspruch. Ich weiß, dass es schwerfällt, all diese Namen im Gedächtnis zu behalten – nach denen eigentlich die Straßen im heutigen Europa benannt sein müssten: Adelard von Bath, Robert von Chester, Alfred von Sareshel, Daniel von Morley, Gerhard von Cremona, Plato von Tivoli, Burgundio von Pisa, Jakob von Venedig, Eugenius von Palermo, Michael Scotus, Hermann von Carinthia, Wilhelm von Moerbeke, Abraham bar Chija. Bevor diese großen Gelehrten ihre Übersetzungen anfertigten, kannte der Westen neben einigen kleineren Schriften verschiedener Autoren nur zwei (!) philosophische Werke von Aristoteles und ein einziges Werk von Porphyrios; ebenso verhielt es sich mit Platon (bekannt war der *Timaios*). Die Übersetzung des gesamten Aristoteles, zusammen mit den altrömischen und altgriechischen, byzantinischen und islamischen Kommentaren, die Übersetzung Hunderter anderer griechischer und arabischer Bücher läutete eine absolute

Wende in der mittelalterlichen Wissenschaft und Philosophie ein. Es war eine Revolution, nach der die Zivilisation des Westens wieder auf die Beine kam.

Wie umfangreich diese Arbeit gewesen sein muss, kann man sich kaum vorstellen. Das Arabische ist überaus plastisch und bedient sich einer Vielzahl von Synonymen. Angeblich hat allein das Wort »Schlange« 500 davon! In einer solchen Sprache ist der Sinn oftmals mehrdeutig und hängt vom Kontext ab.

Die Übersetzer versuchten, so gut es ging, damit zurechtzukommen. War ein Ausdruck ihnen unbekannt und fanden sie ihn nicht in ihren wertvollen Wörterbüchern, die sie einander ausliehen und unentwegt vervollständigten, beließen sie die arabischen Wörter und schrieben sie mit lateinischen Buchstaben. So führten sie ganz nebenbei – wie Segler, die Pflanzensamen als blinde Passagiere von fremden Kontinenten mitbringen – Begriffe ein, die der Westen zuvor nicht kannte: Alembik, Algebra, Algorithmus, Alkali, Artischocke, Azur, Borax, Elixier, Jasmin, Kampfer, Kaffee, Laute, Nadir, Ries, Sorbet, Safran, Talkum, Zenit, Ziffer, Zirkon – und Hunderte andere. Ein unerwarteter Reichtum, dessen Gottheit, wohlgemerkt, ebenfalls Hermes ist.

Einmal traf ich mich mit einer Bekannten aus Frankreich, die ebenfalls Schriftstellerin ist. Beim Kaffee unterhielten wir uns über unsere Lieblingsbücher, empfahlen einander die Werke, die wir für lesenswert hielten, und tauschten unsere Meinung zu anderen aus, die im Allgemeinen als bemerkenswert gelten. Ich sagte ihr, dass ich sehr gern Montaigne lese, aber nicht in einem Zug von vorne bis hinten, sondern von Zeit zu Zeit, indem ich seine *Essais* an einer beliebigen Stelle aufschlage und seinen Ausführungen folge, zum reinen Vergnügen und um meine eigenen Gedanken zu klären. Das verwunderte meine Freundin sehr; skeptisch fragte sie mich, ob ich Montaigne auf Französisch läse. Auf Polnisch, erwiderte ich; die vermittelnde Arbeit des Übersetzers schien mir eine weiter nicht erwähnenswerte Selbstverständlichkeit.

Da sagte sie mir, dass es für sie und die meisten Franzosen kein Vergnügen, sondern im Gegenteil fast eine Qual sei, Montaigne zu lesen. Sein Französisch sei veraltet, archaisch, und zu verstehen, was er schreibt, erfordere große Konzentration. So sei es kaum möglich, sich an seinem Stil zu erfreuen. Montaignes *Essais,* in Frankreich Schullektüre, werden dort im Original so gelesen wie bei uns in Polen die Werke des Renaissancedichters Mikołaj Rej – voller Hochachtung, aber auch unter einigen Mühen.

Und so stießen wir rein zufällig auf folgendes Paradoxon: Dank der Vermittlung durch den Übersetzer ist ein französischer Autor aus dem 16. Jahrhundert wundersamerweise leichter verständlich für mich als für meine Freundin, die sein Werk im Original lesen kann! Denn Wörter veralten, und der Übersetzer verjüngt sie; aus alten Trieben wachsen neue empor. Übersetzen ist demnach nicht nur die Übertragung von Sprache zu Sprache, von Kultur zu Kultur – es erinnert auch an eine Technik in der Gärtnerei, bei der man die Triebe eines Gewächses einem anderen aufpfropft, wodurch sie neue Kraft gewinnen und zum vollwertigen Zweig werden. (Dabei fällt mir ein, dass Hermes nicht nur die Wörter, Wörterbücher, Ziffern, die Astronomie, die Musik, die Lyra erfand, sondern den Menschen auch den Anbau und die Pflege von Olivenbäumen zeigte.)

Meine Generation in Polen – und wahrscheinlich nicht nur meine – kennt die klassische französische Literatur durch die Übersetzungen des polnischen Dichters und Kritikers Tadeusz Boy-Żeleński. Er war ein sehr produktiver Übersetzer mit einer starken Persönlichkeit und fand eine Ausdrucksweise im Polnischen, die das geordnete und ordnungsliebende Französische überaus treffend wiedergibt. Wenn ich also Montaigne lese, dann lese ich ihn vermittelt durch Boy-Żeleńskis geistige Vorarbeit. Jeder Satz der *Essais* hat einen kürzeren oder längeren Moment in Boy-Żeleńskis Geist verweilt, bevor er zu Papier gebracht und schließlich gedruckt wurde. Daher wage ich die kühne These, dass ich die französische Literatur so kenne, wie ihr Übersetzer sie erlebte und verstand. Der Übersetzer ist anwesend in jedem einzelnen Satz. Was wohl Montaigne dazu sagen würde?

Hermes ist auch ein Trickster. Keiner lügt und betrügt so geschickt wie er.

Vor einiger Zeit befasste ich mich während der Arbeit an einem neuen Buch intensiv mit Keilschrifttafeln, wobei meine Recherchen mich nach Syrien führten. Damals wäre niemandem in den Sinn gekommen, dass dort wenige Jahre später einer der blutigsten und grausamsten Kriege unserer Zeit ausbrechen sollte, der uns möglicherweise als der erste Klimakrieg in Erinnerung bleiben wird. Damaskus wirkte zu der Zeit wie die friedliche Oase einer multiethnischen, multireligiösen Gesellschaft, die in Einigkeit zusammenlebte und ihre bevölkerungsreichen Straßen und Viertel so anmutig untereinander aufgeteilt hatte, wie man einen Steinfußboden mit vielfarbigen und verschieden geformten Teppichen auslegt.

Ich ging sogleich in ein Museum, von dem ich wusste, dass es eine unglaubliche Sammlung von Göttinnen-Darstellungen besaß. Es war sehr heiß, die Stadt war in einen cremefarbenen Schleier aus Sandstaub gehüllt, der bis in die Museumssäle vordrang. Das menschenleere, leicht staubige Museum erwies sich als wahre Schatzkammer – in unzähligen Ausstellungsräumen, Schaukästen, Fluren befanden sich Zigtausende Exponate, unter denen ich auch gleich solche entdeckte, über die ich mehr erfahren wollte. Gierig starrte ich sie an, hatte man mich doch eingangs darauf hingewiesen, dass Fotografieren nicht erlaubt sei – so, als würde die Verewigung der Ausstellungsstücke ihnen einen Teil ihrer Authentizität rauben. Zu meiner

Enttäuschung waren die meisten Erläuterungen ausschließlich auf Arabisch verfasst.

Der alles bedeckende Sandstaub war wie eine Mahnung vor dem drohenden Vergessen. Voller Verzweiflung suchte ich nach einem Übersetzer, und tatsächlich konnte ich einen Museumsangestellten kurz vor seiner Mittagspause aufhalten, der mir recht unwillig die Schilder unter den Exponaten übersetzte. Jeden Satz begann er mit einem »Here is written …« und distanzierte sich dadurch von dem Geschriebenen, als wäre seine eigene Unwissenheit eine Tugend. Oder als wüsste er genau, dass er mir durch die Übersetzung eine bestimmte ideologische, mystifizierte Auslegung übermittelte, die bereits in der Beschreibung der Exponate enthalten war.

Aus irgendeinem (politischen? religiösen?) Grund nämlich wurden sämtliche Figuren, und ganz besonders die nahöstlichen Göttinnen des Altertums, entweder als gewöhnliche Frauengestalten beschrieben oder aber als Spielfiguren für Kinder. Ich hatte damals – und auch später – keine Gelegenheit mehr zu überprüfen, ob der hungrige Museumsangestellte korrekt übersetzt hatte oder ob sein knurrender Magen ihm eine eigene Religionswissenschaft diktierte.

Viele der ältesten Geschichten auf den Keilschrifttafeln sind leider nur noch in der Übersetzung erhalten – in zahlreiche, mitunter kleine Sprachen. Häufig haben unsystematisches Vorgehen an den Ausgrabungsstätten, politische Spannungen oder offene Konflikte für Durcheinander gesorgt, sodass etwa inhaltlich zusammengehörige Tafeln auf verschiedene Museen weltweit aufgeteilt wurden.

Es ist also ein wenig wie bei einem Puzzle: Die ältesten Texte der Menschheit sind über die ganze Welt verstreut, haben sich im wahrsten Sinne des Wortes aus dem Wüstenstaub gemacht. Nach ihrer Erforschung und Übersetzung erzählen sie in einem vielsprachigen Chor verschiedene Versionen derselben Geschichte, in unterschiedlichen Tempi, jeweils unter anderem Himmel. Und so sieht auch das Wirken des großen Hermes aus: Er verbreitet Ideen und Geschichten über die ganze Welt.

In letzter Zeit habe ich oft, Hand in Hand mit den jeweiligen Übersetzern, meine Bücher in anderen Ländern vorgestellt.

Die Erleichterung, sich die Autorschaft mit jemandem teilen zu können, lässt sich schwer in Worte fassen. Ich freue mich immer, wenn ich wenigstens einen Teil der Verantwortung für einen Text abgeben kann – im Guten wie im Schlechten. Wenn ich nicht mehr allein dastehe, Auge in Auge mit dem aufgebrachten Kritiker, der mimosenhaften Rezensentin, dem literarisch unbewanderten Journalisten, dem arroganten Moderator. Wie schön, wenn nicht mehr alle Fragen nur an mich gerichtet sind, wenn dieser bedruckte und gebundene Papierstapel nicht mehr allein meine Sache ist! Dieses Gefühl kennen sicherlich viele Schriftsteller.

Am erstaunlichsten ist jedoch, dass die Anwesenheit einer Übersetzerin, eines Übersetzers Sphären eröffnet, die mir bereits nicht mehr zugänglich sind, dass sie oder er sich unabhängig von mir in Debatten begibt, die ich nicht einmal ganz verstehe, die mir fremd, ja mysteriös erscheinen. Mein Text befreit sich von mir – oder bin ich es, die sich von ihm löst? Er wird selbstständig wie ein aufsässiger Teenager, der von zu Hause ausreißt, um zum ersten Mal auf ein Musikfestival zu fahren. Die Übersetzerin, der Übersetzer hat meinen Text an die Hand genommen und ihm andere Seiten dieser Welt gezeigt, hat hinter ihm gestanden, sich für ihn eingesetzt. Welch ein Glück für mich! Plötzlich bin ich frei von der tiefen Einsamkeit, die so fest zur schriftstellerischen Tätigkeit gehört – Stunden, Tage, Wochen, sogar Jahre verbringt man in seinem eigenen Kosmos, allein mit seinen Gedanken, inneren Dialogen und Vorstellungen. Die Übersetzer kommen auf uns Schriftsteller zu und sagen: »Auch ich war dort. Ich bin deinen Spuren gefolgt – und jetzt überschreiten wir gemeinsam eine Grenze.« Hier wird der Übersetzer buchstäblich zum Hermes: Er nimmt mich an die Hand und führt mich über die Grenzen von Ländern, von Sprache und Kultur.

Literatur als Kommunikationsakt beginnt damit, dass wir einen Text mit unserem Vor- und Nachnamen unterschreiben und uns so als Autorin oder Autor hinter ihn stellen. Damit, dass wir unsere tiefste, innerste Erfahrung, das Verletzlichste an uns, in Worte fassen und dabei das Risiko auf uns nehmen, nicht verstanden zu werden, mit unserer Geschichte Wut oder Abfälligkeit auszulösen. Literatur beginnt also in jenem speziellen Moment, in dem unsere individuelle, einzigartige Sprache mit der Sprache anderer Menschen zusammentrifft. Literatur ist der Raum, in dem das Private öffentlich wird.

Es wird angenommen, dass das erste menschliche Wesen, das seinen Namen unter einen eigenen literarischen Text setzte und damit zur frühesten Schriftstellerin wurde, En-hedu-anna war, eine sumerische Hohepriesterin der Göttin Inanna. In einer finsteren Zeit gesellschaftlicher Unruhen und brutaler Machtkämpfe, einer Zeit der Enttäuschungen und Zweifel schrieb sie einen Hymnus an Inanna – es ist die berührende Klage eines Menschen, der sich von Gott verlassen glaubt.

Dank der Übersetzung, die einen Text naturgemäß in die Gegenwartssprache versetzt, ist dieser Hymnus für den heutigen Leser sprachlich gut verständlich – und auch der Inhalt bleibt ihm nicht verschlossen, erzählt der Hymnus doch von einer zutiefst persönlichen, dabei aber zeitlosen und universellen Erfahrung. Das bedeutet, dass En-hedu-annas vor rund 5000 (!) Jahren geschriebenes intimes Bekenntnis der Verzweiflung und Trauer, der Verlassenheit, Einsamkeit, Enttäuschung auch heute von Lesern in einer völlig anderen Welt nachempfunden werden kann – und das, obwohl die Sprachen der damaligen Zeit bereits vor Ewigkeiten im wahrsten Sinne des Wortes zu Staub zerfallen sind.

Unsere private Sprache bildet sich während unseres ganzen Lebens heraus; sie leitet sich ab von der Sprache unserer Eltern, von unserer Umgebung, unseren Lektüren und von unserer individuellen Persönlichkeit. Manchmal ist sie eine intime Sprache, in der wir mit uns selbst reden und die natürlich nicht immer aufgezeichnet wird – schließlich hat nicht jeder die Angewohnheit, seine Gedanken zu Papier zu bringen. Diese Sprache ist etwas ebenso Einzigartiges wie die Papillarlinien, anhand derer ein Mensch sich identifizieren lässt.

Ich denke, Kultur ist ein kompliziertes Austarieren zwischen privaten und kollektiven Sprachen. Kollektive Sprachen sind breite ausgetretene Wege, individuelle Sprachen sind einzelne schmale Pfade. Kollektive Sprachen sind gesellschaftlich vereinbarte Methoden einer möglichst verständlichen Kommunikation, bei der vor allem ein solcher Inhalt übermittelt werden soll, der ein für alle übereinstimmendes Bild der Realität entstehen lässt. In der so erzeugten gemeinsamen Realität beziehen sich die Wörter auf konkrete Phänomene und auf existierende oder als existent geltende Dinge. Von da an stützen die gemeinsame Sprache und das Realitätsbild sich gegenseitig.

Paradox ist, dass wir uns durch diese gegenseitige Bedingtheit von kollektiver Sprache und Realitätsbild bisweilen beengt fühlen, da die Sprache die Realität vorantreibt und die Realität die Sprache. Das beste Beispiel hierfür sind totalitäre Gesellschaften, in denen die regierungstreuen Medien eine postulierte, vorhersehbare und entsprechend benannte Realität verbreiten. Die kollektive Sprache dient der Aufrechterhaltung einer bestimmten politischen Ideologie und wird von der Propaganda auf zynische Weise eingesetzt. In solchen Fällen kommt die gesamte Kommunikation zum Erliegen, ja wird sogar zur Unmöglichkeit.

Unter diesen Bedingungen wird es zum mutigen Akt, einen Begriff von außerhalb des Systems zu verwenden oder eine offensichtliche, innerhalb des Systems aber nicht akzeptable Wahrheit laut auszusprechen. In der Gruppe der Systemtreuen wiederum wird die kollektive Sprache mit der Zeit zur Selbstverständlichkeit und darum zusehends unreflektiert verwendet; die Wörter verlieren ihre Bedeutung, Kontexte scheinen vorgestanzt und zu abgenutzt, um noch schöpferische Wirkung zu entfalten. Eine solche Sprache besteht aus abgedroschenen Phrasen, sie hört auf, irgendetwas zu kommunizieren, und wird zum reinen Ritual, zum Slogan. Die konturlosen Begriffe eignen sich höchstens noch, um sie zu skandieren.

Geschichte und Gegenwart lehren uns, dass es bei der Schaffung derartiger politisch gefärbter kollektiver Sprachen zu Wortdiebstählen, Wortentführungen kommt. Beliebige neutrale, leicht angestaubte, bereits fast archaische Wörter gelangen plötzlich wieder auf Banner und in Wahlprogramme. Einer dieser Begriffe ist etwa »die Nation«. Es zeigt sich, dass dieses Wort, wenn man es von seinem historischen Kontext befreit und ein wenig abstaubt, vorzüglich geeignet ist, um eine neue Ordnung zu etablieren. So besetzt ist es inzwischen, dass diejenigen, die sich nicht zu den Anhängern der neuen Ordnung zählen, dieses einst unschuldige Wort nicht mehr in den Mund nehmen können, ist es doch so aufgeladen mit neuen Bedeutungen, dass es zum Kampfbegriff geworden ist.

Natürlich bedarf es einer kollektiven Sprache, damit wir uns in einer stets wieder neu vereinbarten Realität überhaupt verständigen können. Es muss eine gewisse sprachliche Dimension der sozialen Verbundenheit geben; häufig vermitteln etwa bereits einfachste Redewendungen und Idiome ein Gemeinschaftsgefühl.

Der Kampf, bei dem anderen eine kollektive Sprache aufgezwungen werden soll, findet nicht nur in den Parlamenten und in den Medien statt, sondern auch an den Universitäten. Dort treten in Wellen intellektuelle Moden auf, die jeweils ihre eigene kollektive Sprache entwickeln – deren Implementierung zwar ein wenig dauert, die aber, wenn sie einmal etabliert ist, nicht nur dazu dient, ein bestimmtes Weltbild zu zeichnen, sondern auch dazu, Bündnisse zu schaffen, in die andere ein- oder von denen sie ausgeschlossen werden können. Jede Generation hat ihre eigene Sprache zur Beschreibung der Welt, ja, vielleicht hat heute sogar jedes Jahrzehnt seine eigene Sprache – und wir Sprecher sind uns häufig ihrer Kurzlebigkeit und Eingeschränktheit, ihrer ausschließlichen Fähigkeit zur Artikulierung dessen, was sich innerhalb ihrer Grenzen befindet, nicht einmal bewusst.

Es gibt keine schlimmere Krankheit als den Verlust der individuellen Sprache, wenn ein Mensch eine kollektive Sprache gänzlich zu seiner privaten macht. An dieser Krankheit leiden Beamte, Politiker, Akademiker und auch Geistliche. Die einzig mögliche Therapie ist die Literatur – der Umgang mit schöpferischer Sprache wirkt wie eine Impfung gegen eilends zusammengezimmerte und rein instrumental behandelte Weltsichten. Dies ist ein gewichtiges Argument für das Lesen von Literatur – auch klassischer –, denn die Literaturgeschichte zeigt, dass kollektive Sprachen einmal anders funktionierten, dass sie auch andere Weltsichten eröffneten.

Eben darum ist es so wichtig zu lesen: um diese anderen Sichtweisen zu entdecken und sich zu vergewissern, dass unsere Welt nur eine von vielen möglichen Welten ist – und uns ganz sicher nicht für immer gegeben.

Literaturnobelpreis für Olga Tokarczuk

Eine kleine Chronologie

9. Oktober 2019
Beginn der Lesereise zum Erscheinen des Romans *Die Jakobsbücher*

Mit einer Lesung in der Buchhandlung Wist in Potsdam vor 29 Besuchern beginnt die Lesereise Olga Tokarczuks zum Erscheinen der deutschsprachigen Ausgabe ihres Romans *Die Jakobsbücher*.

Weitere Stationen: Bielefeld (10. Oktober), Siegen (11. Oktober), Essen (13. Oktober), Düsseldorf (14. Oktober), Stuttgart (15. Oktober). Danach wird Olga Tokarczuk die Frankfurter Buchmesse besuchen. Im Anschluss sollen drei weitere Lesungen folgen: in Basel, Zürich und Bern.

Zum Start der Lesereise verschickt der Verlag eine Pressemitteilung mit der Betreffzeile »Literaturnobelpreis für Olga Tokarczuk?«. Darin heißt es: »Zeitungen aus der ganzen Welt, etwa *The Guardian, The New Yorker, Der Standard, Die Presse, Der Tagesspiegel*, sehen in Olga Tokarczuk eine der Favoritinnen für den Literaturnobelpreis, der morgen vergeben wird. Verdient hätte die polnische Autorin den Preis zweifellos, gilt sie doch als ›eine der sehr wenigen herausragenden SchriftstellerInnen des letzten Vierteljahrhunderts‹ *(The Economist, London)*. Ob mit oder ohne Nobelpreis, die Leser können sich freuen.« Nach einer Präsentation des Romans *Die Jakobsbücher* wird noch darauf verwiesen, dass frühere Romane von Olga Tokarczuk als Neuausgaben in Vorbereitung sind.

10. Oktober 2019

Verkündung der Literaturnobelpreise 2018 und 2019

Um genau 13 Uhr öffnet sich die Flügeltür des Blauen Salons im alten Stockholmer Börsenhaus, dem Sitz der Schwedischen Akademie. Mats Malm, Ständiger Sekretär der Akademie, tritt ans Pult. Zuerst wird nachträglich der Preis für das Jahr 2018 vergeben und zwar an … Olga Tokarczuk! Sie werde für ihre »erzählerische Vorstellungskraft« geehrt, die »mit enzyklopädischer Leidenschaft das Überschreiten von Grenzen als Lebensform darstellt«.

Das Team des Kampa Verlags verfolgt den Livestream versammelt vor einem Computer; im anschließenden Jubel geht fast unter, dass es auch einen Literaturnobelpreisträger des Jahres 2019 gibt: Peter Handke.

Zeit zum Feiern ist keine, denn sofort klingeln die Telefone Sturm, E-Mails überfluten die Postfächer. Viele Gratulationen, sehr viele Bestellungen und sehr, sehr viele Presseanfragen, denn auch Medien aus den fernsten Ecken der Welt haben herausgefunden, dass Olga Tokarczuk gerade auf Lesereise in Deutschland ist. Fernsehteams aus Deutschland, Italien, England, aber auch aus Hongkong, Zeitungen und Radiostationen aus aller Welt (»Wir haben 30 Millionen Hörer!«, meint ein Reporter aus den USA) wollen Olga Tokarczuk treffen.

Die Pressemitteilung des Verlags, die eine Dreiviertelstunde nach Bekanntgabe des Preises verschickt wird, enthält auch ein Statement des Verlegers: »Wir freuen uns enorm mit und für Olga Tokarczuk«, so Daniel Kampa, »deren Werk nun endlich weltweit die Beachtung finden wird, die es verdient. An erster Stelle ist ihre enorme Erzählfreude zu nennen. Poetisch, politisch, realistisch, mythisch, philosophisch, märchenhaft – Tokarczuks Geschichten beleuchten die zahllosen Facetten des menschlichen Daseins, ob in Gegenwart oder Historie. Sie ist eine Autorin, die der Welt guttut. Das Erzählen kann die Welt nicht besser machen, aber wer Tokarczuk liest, sieht die Welt klarer, vielschichtiger.

Ihre Bücher stärken den Glauben an den Menschen, trotz allem.

Neben den *Jakobsbüchern* ist bereits der Roman *Unrast* im Kampa Verlag erschienen. Natürlich versuchen wir jetzt, auch die anderen wunderbaren Bücher von Olga Tokarczuk so schnell wie möglich lieferbar zu machen.«

Das vorrangige Ziel des Verlags ist es aber, die beiden erstgenannten, schon erschienenen Bücher schnell nachzudrucken, die vierzehn Minuten nach Verkündung des Nobelpreises restlos ausverkauft sind. Die Hersteller und Setzer Jan Kermes und Tristan Walkhoefer vom Leipziger Büro Herr K werden in den kommenden Wochen mit enormem Engagement Unmögliches möglich machen, damit das Interesse der Leserinnen und Leser schnell befriedigt werden kann.

Olga Tokarczuk selbst ist zum Zeitpunkt der Verkündung irgendwo auf der Autobahn zwischen Potsdam und Bielefeld, wo in der Stadtbibliothek ihre zweite Lesung stattfinden wird; ihr Mann Grzegorz sitzt am Steuer. Um Punkt 13 Uhr kommt der Anruf aus Stockholm, aber die Verbindung ist sehr schlecht. Erst als sie wenig später an einer Raststätte angehalten haben, wird ihnen allmählich bewusst, was sich da gerade ereignet hat.

In Bielefeld angekommen, ist das Auto sofort von Kamerateams umringt, die frisch gekürte Nobelpreisträgerin wird nicht nur von Bibliotheksleiter Klaus-Georg Loest, sondern auch von Bielefelds Oberbürgermeister Pit Clausen und anderen Honoratioren der Stadt begrüßt. Donnernder Applaus empfängt Tokarczuk im Foyer der Stadtbibliothek. Mit viel Understatement erklärt sie: »Ich wusste, dass ich keine allzu schlechte Schriftstellerin bin, aber so etwas habe ich nicht erwartet.«

11. Oktober 2019
Internationale Pressekonferenz
in Düsseldorf

Zusammen mit der Londoner Literaturagentur Rogers, Coleridge & White, die Olga Tokarczuks Werk international vertritt, hat der Verlag kurzfristig zu einer Pressekonferenz nach Düsseldorf geladen. Selinde Böhm und Rudolf Müller von der Buchhandlung Müller & Böhm haben ihre Räumlichkeiten im Heine Haus spontan zur Verfügung gestellt und für eine reibungslose Organisation gesorgt.

Olga Tokarczuk gibt eine kurze Erklärung ab:

»Dass ich den Literaturnobelpreis gewonnen habe, habe ich unter den seltsamsten Umständen erfahren: auf der Autobahn, irgendwo im ›Dazwischen‹, an einem namenlosen Ort. Ich kann mir keine bessere Metapher denken für die Welt, in der wir leben. Wir Schriftstellerinnen und Schriftsteller stehen heute vor unvorstellbaren Herausforderungen. Literatur ist eine langsame Kunst – der langwierige Prozess des Schreibens erschwert es, die Welt unmittelbar einzufangen. Ich frage mich oft, ob es überhaupt noch möglich ist, die Welt zu beschreiben, oder ob wir ihrer zunehmend verflüssigten Gestalt nicht bereits hilflos gegenüberstehen, der Auflösung fester Bezugspunkte und Werte. Ich glaube an eine Literatur, die Menschen verbindet und uns vor Augen führt, wie ähnlich wir einander sind, die uns bewusst macht, dass wir alle mit unsichtbaren Fäden verknüpft sind. Die uns die Geschichte der Welt erzählt, als wäre sie ein lebendiges, untrennbares Ganzes, das sich ununterbrochen vor unseren Augen verändert, ein Ganzes, in dem wir Menschen nur ein kleines und doch mächtiges Element sind.

Ich gratuliere Peter Handke zum Nobelpreis. Ich bin glücklich darüber, dass wir beide aus demselben Teil der Welt kommen.«

Die bevorstehenden Wahlen in Polen sind das beherrschende Thema der Pressekonferenz. In linksliberalen Kreisen gilt die neue Nobelpreisträgerin als Hoffnungsträgerin, manche Polen glauben, dass der Preis für Tokarczuk wahlentscheidend sein kann.

»Wir leben in einer Welt, in der es schwer ist, nur Schriftsteller zu sein«, so Olga Tokarczuk, die kein Blatt vor den Mund nimmt und an die Wähler appelliert: Es sei für Polen die wichtigste Wahl seit 1989, denn sie entscheide nicht nur über die Zukunft des Landes, sondern genauso über die Zukunft der Demokratie, die Zukunft Europas. Aber es wird auch über Literatur gesprochen, über den Roman und neue Erzählformen. Tokarczuk empfiehlt Verlegern zwei Genres, die sie für zukunftsträchtig hält: Science-Fiction, weil große Unruhe darüber herrsche, was die Zukunft bringen werde, und den historischen Roman, denn Geschichte sei nie etwas Abgeschlossenes, wirke immer in die Gegenwart hinein. Tokarczuk beendet die Pressekonferenz mit einer Hommage auf die Übersetzer, die sie »Handlungsreisende der Literatur« nennt und die für sie wie eine Familie seien.

Mit großer Verspätung geht es anschließend nach Siegen zur dritten Lesung der Tour. Trotz des Medienrummels wird Olga Tokarczuk auch die Lesungen in Düsseldorf und Stuttgart absolvieren. Nur die Veranstaltungen in der Schweiz, im Anschluss an die Buchmesse, verschiebt sie schweren Herzens auf März 2020, da sie bereits Mitte November das Manuskript ihrer Nobelpreis-Vorlesung einreichen muss.

15. bis 19. Oktober 2019
Auf der Frankfurter Buchmesse

Kurzfristig von Juergen Boos, dem Direktor der Frankfurter Buchmesse, zur Eröffnungspressekonferenz am 15. Oktober eingeladen, ist Olga Tokarczuk der Star dieser Veranstaltung. Wann gab es das zuletzt, dass eine frisch gekürte Nobelpreisträgerin auf der weltgrößten Buchmesse zu Besuch war?

Olga Mannheimer, die schon die Lesung in Düsseldorf gedolmetscht hat und sich spontan bereit erklärt hat, Olga Tokarczuk bei allen weiteren Auftritten im Oktober zu begleiten, übersetzt die Antworten der Nobelpreisträgerin. Bei der Pressekonferenz geht es um Literatur im digitalen Zeitalter, in dem der Roman, davon ist Tokarczuk überzeugt, als »raffinierteste Kommunikationsform« seine zentrale Bedeutung nicht verlieren werde. In Anspielung auf die heftigen Debatten um den zweiten Literaturnobelpreisträger meint ein Journalist, Peter Handke sei in der öffentlichen Wahrnehmung augenblicklich offenbar der *bad boy*, sie hingegen das *good girl*, und fragt Tokarczuk, ob sie mit dieser Rollenverteilung zufrieden sei. »Normalerweise bin ich das *bad girl* – ich kann die andere Rolle durchaus genießen«, antwortet die Nobelpreisträgerin augenzwinkernd und verweist damit auf die Anfeindungen von rechtskonservativer Seite, denen sie in ihrer Heimat Polen ausgesetzt ist. Natürlich geht es auch bei dieser Pressekonferenz um Politik, denn zwei Tage zuvor hat Polen gewählt, und die regierende nationalkonservative PiS hat die absolute Mehrheit errungen. Olga Tokarczuk ist enttäuscht, freut sich aber, dass die linksorientierte Lewica Razem ins Parlament eingezogen ist, und hofft auf positive Veränderungen durch die vielen neuen jungen Abgeordneten. Zugleich beklagt sie, dass die Regierung zunehmend Kultureinrichtungen wie Theater oder Museen zu kontrollieren versuche. Schriftsteller seien zum Glück weniger betroffen, weil sie als Arbeitsmittel nur einen Computer oder einen Stift bräuchten und die polnischen Buchverlage mehrheitlich in privater Hand seien.

Die nächsten Tage sind für Olga Tokarczuk anstrengend: Hatte der Verlag vor dem Nobelpreis nicht einmal ein halbes Dutzend Pressetermine vereinbart, könnte die Buchmesse nun drei Monate dauern, und trotzdem würde die Zeit nicht reichen, alle Anfragen zu befriedigen. Tokarczuk gibt deutschen Radio- und Fernsehsendern Interviews, aber auch der polnischen und internationalen Presse.

Am 17. Oktober gibt der Kampa Verlag an seinem Stand gemeinsam mit der Literaturagentur Rogers, Coleridge & White einen Empfang für die ausländischen Verlegerinnen und Verleger von Olga Tokarczuk. In Ruhe auf den Nobelpreis anzustoßen ist aber unmöglich, der Andrang ist schlicht überwältigend, Schaulustige, Autogrammjäger und Fans stürmen den Stand.

Deutlich ruhiger geht es am 18. Oktober zu, bei einem Abendessen zu Ehren der Nobelpreisträgerin im Restaurant Sèvres im Hessischen Hof, organisiert von Ann Kathrin Doerig, Mitinhaberin des Kampa Verlags. Das Menü kommt selbstverständlich ohne Fleisch aus – Tokarczuk ist Vegetarierin.

Volker Weidermann vom *Spiegel* schreibt über diesen Anlass: »Freitagabend, Hessischer Hof. Was für ein Auftritt! Glanz durch Bescheidenheit, Offenheit und Freundlichkeit. Ihr Schweizer Verlag, Kampa, hatte spontan ein Essen hier organisiert, mit einigen Freunden, Verlegern, Journalisten – für sie: In schwarzem Kleid mit großen weißen Punkten, die dunkelroten Dreadlocks zum Dutt hochgebunden, kommt sie herein. Immer noch verwundert über ihre neue Rolle. Ihren neuen Ruhm. Sie hat so viel Glück mitgebracht, das strahlt auf alle im Saal ab. Kellner in weißen Uniformen tragen für diesen Abend kreierte Olga-Drinks auf silbernen Tabletts durch den Saal. (…) Die Kellner kommen mit ihren silbernen Servierhauben. Wir erwarten getrüffelte Kohlrabisuppe. Was Kohlrabi auf Polnisch heiße? Die Nobelpreisträgerin erhebt die Stimme: ›Kalarepa‹ mit herrlichem ›rrrr‹. Unter den Hauben, die mit dramatischer Geste am ganzen Tisch synchron gehoben werden, erscheinen dann aber nur zwei winzige Wachteleier, die Suppe wird später hinzugefügt. Olga Tokarczuk freut sich über die dramatische Inszenierung des Kleinen. ›Wie ein Ballett‹, sagt sie. Und es ist, als ob sie immer noch staunt. Über das silberne Ballett, merkwürdige Männer – und diesen Preis, der von nun an, für den Rest ihres Lebens, wie ein neuer Vorname vor ihrem alten Namen stehen wird.«

19. Oktober 2019
Enthusiastischer Empfang in der Heimat

Olga Tokarczuks Nobelpreis wird natürlich in Polen ganz besonders gefeiert. In ihrer Heimatstadt Wrocław kann man am Wochenende nach der Bekanntgabe kostenlos mit allen öffentlichen Verkehrsmitteln fahren, wenn man eines ihrer Bücher dabeihat. Die Stadt Krakau gibt bekannt, man werde in einem Vorort einen Wald mit 25 000 Bäumen pflanzen, benannt nach Olga Tokarczuks Roman *Ur*.

Als die Autorin im Anschluss an die Frankfurter Buchmesse nach Polen zurückkehrt, wird sie wie ein Popstar empfangen: Eine Lesung am 20. Oktober in der größten Konzerthalle von Wrocław muss wegen des großen Andrangs zusätzlich nach draußen übertragen werden. Bei einer Signierstunde in Warschau warten 2000 Fans geduldig auf eine Unterschrift.

24. Oktober 2019
Olga Tokarczuk gibt die Gründung einer Stiftung bekannt

Eine Journalistin der *Bild-Zeitung* hatte während der Pressekonferenz am 11. Oktober in Düsseldorf nur eine einzige, typisch boulevardeske Frage: »Was machen Sie mit dem Geld?« Aber darüber hatte Olga Tokarczuk zu diesem Zeitpunkt noch gar nicht nachgedacht, wie sie sagte. Jetzt, zwei Wochen später, wird bekannt, was sie sich in der Zwischenzeit überlegt hat: Mit einem Teil des Preisgeldes gründet sie in ihrer Heimatstadt Wrocław eine Stiftung zur Förderung von Kunst und Kultur. Die Stadt stellt ihr dafür eine wunderschöne 1920er-Jahre-Villa zur Verfügung, in der der polnische Dichter Tymoteusz Karpowicz bis zu seinem Tod 2005 gewohnt hatte. Innerhalb eines Jahres soll das Haus renoviert und pünktlich zum ersten Jahrestag der Verleihung des Nobelpreises eingeweiht werden. Die Stiftung wird Schriftsteller und Übersetzer aus aller Welt unterstützen und die Villa den Stipendiaten als *residence* zur Verfügung stellen. »Wir wollen auch die Beteiligung von Frauen am kulturellen und gesellschaftlichen Leben fördern und wissenschaftliche Untersuchungen zum Feminismus unterstützen«, erklärt zudem die Initiatorin der Stiftung, die bereits die Regisseurin Agnieszka Holland, die Tokarczuks Roman *Gesang der Fledermäuse* verfilmt hat, und Irek Grin, Leiter des Literaturhaues Wrocław, in den Stiftungsrat berufen hat.

9. November 2019
Olga Tokarczuk auf der *Spiegel*-Bestsellerliste

Unrast steht am 9. November 2019 auf Platz 18 der *Spiegel*-Bestsellerliste, *Die Jakobsbücher* eine Woche später auf Platz 19. *Die Jakobsbücher* schaffen es auch auf die SWR-Bestenliste und auf die Bestenliste des ORF.

Ende November können die Leserinnen und Leser drei weitere Romane von Olga Tokarczuk entdecken: *Ur und andere Zeiten; Taghaus, Nachthaus* und *Gesang der Fledermäuse* erscheinen. Ein weiteres Buch folgt Mitte Dezember, mit ein wenig Verspätung: Es ist das von Joanna Concejo illustrierte Bilderbuch *Die verlorene Seele*. Auf dem Weg von der Druckerei zur Auslieferung gilt die erste Auflage ein paar Tage lang als verschollen – passend zum Titel –, taucht dann glücklicherweise aber doch wieder auf. Die erste Besprechung sendet *Deutschlandfunk Kultur*: »Berührend schön ist dieses Märchen von Olga Tokarczuk. Sie erinnert schon ihre kleinen Leserinnen und Leser daran, auf sich achtzugeben. Und sie zeigt zugleich: Eine Depression kann jeden treffen. Da merkt man nicht nur, dass Olga Tokarczuk eine große Erzählerin ist, sondern dass sie als Psychologin weiß, wovon sie spricht.«

5. bis 13. Dezember 2019
Die Nobel-Woche in Stockholm

Seit Gründung des Nobelmuseums in Stockholm zum 100-jährigen Bestehen der Nobelpreise im Jahr 2001, ist es Tradition, dass die Laureaten dem Museum einige persönliche Gegenstände schenken, die zur Verleihung ausgestellt werden. Olga Tokarczuk hat dem Museum ihre Agenda 2018 vermacht. Da ihr der Literaturnobelpreis nachträglich verliehen worden sei, fühle sie sich als Zeitreisende, so die Autorin. Und in der Vitrine steht nun der in Leder gebundene, etwas abgegriffene Tischkalender im Format A5, aufgeschlagen bei der

Woche vom 10. bis 16. Dezember 2018. Am 10. Dezember, dem Todestag Alfred Nobels, an dem die Nobelpreise traditionell überreicht werden, hat Tokarczuk ein Interview gegeben. Außerdem finden sich auf der Seite vom 10. Dezember 2018 Notizen zu einer Zugverbindung und am Folgetag eine Einkaufsliste. Eine zerknitterte Bordkarte von American Airlines dient als Lesezeichen.

Tokarczuks Kalender für die Nobel-Woche 2019 – auf edlem Papier gedruckt, die Alfred-Nobel-Medaille in Gold geprägt auf der Titelseite – ist dagegen vollgepackt mit Terminen: ein richtiges Büchlein von 18 Seiten, in dem die unterschiedlichsten Verpflichtungen vermerkt sind, von öffentlichen Auftritten wie der Pressekonferenz am 6. Dezember bis zum Diner im sehr kleinen Rahmen mit König Carl XVI. Gustaf und Königin Silvia im Königspalast. Live in alle Welt übertragene Höhepunkte sind die Vorlesung am 7. Dezember in der Schwedischen Akademie und die offizielle Preisverleihung am 10. Dezember im Stockholmer Konserthuset, gefolgt von einem Bankett im Rathaus mit über 1000 geladenen Gästen.

Bei der Preisverleihung am 10. Dezember hält der Schriftsteller Per Wästberg, Mitglied der Schwedischen Akademie und des Nobelkomitees für Literatur, die Laudatio: »Die polnische Literatur leuchtet über Europa – zahlreiche Nobelpreise, und nun eine poetische und humorvolle Dichterin von Weltrang und mit einem Weitblick, der selten ist.«

Beim anschließenden Bankett sitzt Olga Tokarczuk zwischen König Carl XVI. Gustaf und Prinz Daniel und gegenüber von Königin Silvia. (Man munkelt, die Nobelpreisträgerin habe die Gelegenheit genutzt, um dem König, einem passionierten Jäger, sein Hobby auszureden.)

In ihrer Tischrede bezieht sie sich auch auf die erste Frau, die mit dem Literaturnobelpreis ausgezeichnet wurde:

»Königliche Hoheiten, Exzellenzen, verehrte Nobelpreisträger, meine sehr geehrten Damen und Herren, gestatten Sie mir zunächst, dass ich meinen herzlichen Dank an die Schwedische Akademie und die Nobelstiftung richte. Bevor ich mich auf die Reise nach Stockholm gemacht habe, wollte ich mich auf diese so besondere Woche und die Verleihungszeremonie einstimmen.

Ich habe mir den Film *The Wife* angesehen. Meine Lieblingsszene ist die, in der der Schriftsteller und seine Frau kurz nach dem Anruf der Akademie wie Kinder auf ihrem Bett herumtollen und juchzen: ›Wir haben den Nobelpreis gewonnen!‹

Doch dann trübt sich die Stimmung, denn allmählich wird klar, dass der Schriftsteller seinen Erfolg seiner Frau verdankt – *sie* hat seine Romane geschrieben.

Nein, nein, keine Sorge – ich erkläre hiermit feierlich, dass ich alle meine Bücher selbst geschrieben habe.

Und doch: Der Film zeigt deutlich, dass solche Auszeichnungen immer nur den Preisträgern gelten, ihnen allein wird alle Ehre zuteil. Dabei stehen hinter ihnen tatsächlich viele andere Menschen, die sie unterstützen, sie inspirieren.

Und deshalb danke ich allen, die mir bei meiner Arbeit zur Seite gestanden, Recherchen für mich angestellt, meine Texte redigiert und mir Kraft gegeben haben, wenn es beschwerlich wurde. Allen, die nicht meiner Meinung waren und das auch gesagt haben. Und allen, die meinen schmerzenden Nacken mit Öl massiert haben.

Zu großem Dank bin ich natürlich auch meinen Übersetzerinnen und Übersetzern verpflichtet. Sie sind und bleiben meine aufmerksamsten Leser, sie erfassen jede noch so winzige Unstimmigkeit und schlagen Alarm, wenn ich einen Fehler mache.

Außerdem empfinde ich es als große Ehre, diesen Preis gemeinsam mit den bedeutendsten Wissenschaftlern der Welt zu erhalten. Man meint, Wissenschaftler und Künstler trenne eine gewaltige Kluft voneinander, aber das ist schlicht nicht wahr.

Ich empfinde es als enorm inspirierend und fruchtbar, Wissensgebiete zu erforschen, die nicht meine eigenen sind.

Und schließlich: Heute ist es auf den Tag hundertzehn Jahre her, dass die erste Frau den Literaturnobelpreis erhielt – Selma Lagerlöf.

Über viele Jahrzehnte hinweg verneige ich mich tief vor ihr und vor all den anderen Frauen, all den schöpferisch tätigen Frauen, die unerschrocken jene Grenzen überschritten haben, die die Gesellschaft ihnen gesetzt hat, und den Mut hatten, der Welt ihre Geschichten zu erzählen, laut und deutlich. Ich fühle es: Sie alle stehen hinter mir. *Wir* haben den Nobelpreis gewonnen!«

Nach der Preisverleihung und dem Nobel-Bankett ist das Programm für Olga Tokarczuk aber noch nicht zu Ende. Am nächsten Tag, dem 11. Dezember, folgt sie einer Einladung in das Kungliga slottet in der Stockholmer Altstadt zu einer Audienz bei der königlichen Familie, die genau eine Stunde und fünfzehn Minuten dauert, mit anschließendem Diner im Palast.

Olga Tokarczuks Nobel-Woche endet am 12. Dezember mit einem Besuch in der Nobelstiftung und einer Signierstunde in der Buchabteilung des NK-Warenhauses.

Mit Flug LO 454 der polnischen Fluggesellschaft LOT geht es am Freitag, den 13. Dezember 2019, um 10 Uhr 25 zurück nach Wrocław.

Im Januar 2020 will Olga Tokarczuk sich vollständig zurückziehen, um sich ganz der Arbeit an ihrem neuen Roman zu widmen.

Olga Tokarczuks Bücher sind bislang in 47 Ländern erschienen, bald werden es über 50 sein. In den *Jakobsbüchern,* Olga Tokarczuks historischem Roman, der im 18. Jahrhundert angesiedelt ist und doch so viel über unsere turbulente Gegenwart erzählt, heißt es: »Vielleicht ist es möglich, sich zu verständigen, auch wenn der eine des anderen Sprache nicht spricht, der eine mit des anderen Gebräuchen nicht vertraut ist, auch wenn sie sich persönlich nicht kennen, nichts wissen von den Dingen, den Gegenständen des anderen, sein Lachen, seine Gesten, seine Zeichen nicht zu deuten verstehen – vielleicht dass es dann möglich ist, sich mithilfe von Büchern zu verständigen.«

Biographische Notiz

Olga Tokarczuk wurde am 29. Januar 1962 im polnischen Sulechów bei Zielona Góra geboren. Ihre Eltern Wanda und Józef Tokarczuk arbeiteten beide als Lehrer, ihr Vater kümmerte sich außerdem um die Schulbibliothek. Dort las Olga Tokarczuk schon als Kind alles, was sie in die Finger bekam.

Nach dem Abitur 1980 studierte sie Psychologie an der Universität von Warschau. Tokarczuk bezeichnet sich selbst als Schülerin C. G. Jungs, dessen Theorien auch ihr literarisches Schaffen stark geprägt haben. Neben dem Studium arbeitete sie in einem Heim für verhaltensauffällige Jugendliche. Nach ihrem Magister 1985 praktizierte sie zunächst einige Jahre als Psychotherapeutin, unter anderem in Wałbrzych.

Schon ihr erster Roman *Podróż ludzi księgi*,

1993 erschienen, war in Polen ein großer Erfolg. Ihre internationale Reputation als eine der bedeutendsten osteuropäischen Schriftstellerinnen der Gegenwart begründete aber ihr dritter Roman *Prawiek i inne czasy* (*Ur und andere Zeiten*), der 1996 veröffentlicht wurde.

Etliche ihrer Werke wurden verfilmt. Große Beachtung erfuhr *Pokot* (*Die Spur*), Agnieszka Hollands Verfilmung von *Prowadź swój pług przez kości umarłych* (*Gesang der Fledermäuse*), die auf der Berlinale 2017 mit dem Silbernen Bären ausgezeichnet wurde.

Für ihr literarisches Werk wurde Olga Tokarczuk mit vielen nationalen und internationalen Preisen ausgezeichnet, unter anderem mehrfach mit dem bedeutendsten polnischen Literaturpreis, dem Nike-Preis. 2002 erhielt sie für *Dom dzienny, dom nocny* (*Taghaus, Nachthaus*) den Brücke Berlin Literatur- und Übersetzerpreis, gemeinsam mit ihrer deutschen Übersetzerin Esther Kinsky, und 2018 gemeinsam mit ihrer englischen Übersetzerin Jennifer Croft für *Bieguni* (*Unrast*) den International Man Booker

Prize, für den sie auch im Folgejahr mit *Prowadź swój pług przez kości umarłych* (*Gesang der Fledermäuse*) nominiert war.

2019 wurde Olga Tokarczuk rückwirkend für das Jahr 2018 der Nobelpreis für Literatur zuerkannt, der damit bereits zum fünften Mal nach Polen ging (nach Henryk Sienkiewicz, Władysław Reymont, Czesław Miłosz, Wisława Szymborska), zum zweiten Mal an eine polnische Schriftstellerin – und zum fünfzehnten Mal an eine Frau.

Mit einem Teil des Preisgeldes gründete Tokarczuk Ende 2019 in Breslau eine Stiftung zur Förderung von Kunst und Kultur. In Breslau lebt die Schriftstellerin auch – gemeinsam mit ihrem zweiten Ehemann, dem Germanisten Grzegorz Zygadło. Zum Schreiben zieht sich Olga Tokarzuk in ein Berghäuschen an der polnisch-tschechischen Grenze zurück, wo auch viele ihrer Bücher angesiedelt sind.

Bibliographie

Podróż ludzi księgi. Roman. Przedświt, Warszawa 1993.
Neuausgaben: W. A. B., Warszawa 1997; Wydawnictwo Literackie, Kraków 2019.

E. E. Roman. Państwowy Instytut Wydawniczy, Warszawa 1995.
Neuausgabe: Wydawnictwo Literackie, Kraków 2015.

Prawiek i inne czasy. W. A. B., Warszawa 1996.
Neuausgabe: Wydawnictwo Literackie, Kraków 2015.

Ur und andere Zeiten. Roman. Deutsch von Esther Kinsky. Berlin Verlag, Berlin 2000.
Neuausgabe: Kampa Verlag, Zürich 2019.

Szafa. Wydawnictwo UMCS, Lublin 1997.
Neuausgabe: Wydawnictwo Literackie, Kraków 2016.

Der Schrank. Erzählungen. Deutsch von Esther Kinsky. Deutsche Verlags-Anstalt, Stuttgart / München 2000.
Neuausgabe: Kampa Verlag, Zürich 2020.

Dom dzienny, dom nocny. Ruta, Wałbrzych 1998.
Neuausgabe: Wydawnictwo Literackie, Kraków 2015.

Taghaus, Nachthaus. Roman. Deutsch von Esther Kinsky. Deutsche Verlags-Anstalt, Stuttgart / München 2001.
Neuausgabe: Kampa Verlag, Zürich 2019.

Opowieści wigilijne (gemeinsam mit Jerzy Pilch und Andrzej Stasiuk). Erzählungen. Ruta, Wałbrzych 2000.

Lalka i Perła. Essay. Wydawnictwo Literackie, Kraków 2000.
Neuausgabe: Wydawnictwo Literackie, Kraków 2016.

Gra na wielu bębenkach. Ruta, Wałbrzych 2001.
Neuausgabe: Wydawnictwo Literackie, Kraków 2015.

Spiel auf vielen Trommeln. Erzählungen (Auswahl). Deutsch von Esther Kinsky. Matthes und Seitz, Berlin 2006.

Ostatnie historie. Wydawnictwo Literackie, Kraków 2004.
Neuausgabe: Wydawnictwo Literackie, Kraków 2015.

Letzte Geschichten. Roman. Deutsch von Esther Kinsky. Deutsche Verlags-Anstalt, München 2006.
Neuausgabe: Kampa Verlag, Zürich 2020.

AnnaIn w grobowcach świata. Znak, Kraków 2006.
Neuausgabe: Wydawnictwo Literackie, Kraków 2015.

Anna in den Katakomben. Deutsch von Esther Kinsky. Berlin Verlag, Berlin 2007.

Bieguni. Wydawnictwo Literackie, Kraków 2007.
Neuausgabe: Wydawnictwo Literackie, Kraków 2015.

Unrast. Roman. Deutsch von Esther Kinsky. Schöffling & Co, Frankfurt am Main 2009.
Neuausgabe: Kampa Verlag, Zürich 2019.

Prowadź swój pług przez kości umarłych. Wydawnictwo Literackie. Kraków 2009.
Neuausgabe: Wydawnictwo Literackie, Kraków 2015.

Gesang der Fledermäuse. Roman. Deutsch von Doreen Daume. Schöffling & Co, Frankfurt am Main 2011.
Neuausgabe: Kampa Verlag, Zürich 2019.

Moment niedźwiedzia. Essays. Krytyka Polityczna, Warszawa 2012.

Księgi Jakubowe. Wydawnictwo Literackie, Kraków 2014.

Die Jakobsbücher. Roman. Deutsch von Lisa Palmes und Lothar Quinkenstein. Kampa Verlag, Zürich 2019.

Zgubiona dusza. Wydawnictwo Format, Wrocław 2017.

Die verlorene Seele. Bilderbuch. Illustrationen von Joanna Concejo. Deutsch von Lothar Quinkenstein. Kampa Verlag, Zürich 2019.

Opowiadania bizarne. Wydawnictwo Literackie, Kraków 2018.

Die grünen Kinder. Bizarre Geschichten. Erzählungen. Deutsch von Lothar Quinkenstein. Im Kampa Verlag in Vorbereitung.

Nachweis

Der liebevolle Erzähler
Originaltitel: *Czuły narrator*

Vorlesung zur Verleihung des Literaturnobelpreises für das Jahr 2018, gehalten auf Polnisch am 7. Dezember 2019 im Festsaal der Schwedischen Akademie in Stockholm.

Wie Übersetzer die Welt retten
Originaltitel: *Powiem wam, kto uratuje świat*

Das polnische Original erschien am 25. Juni 2019 im Magazin *Książki/Gazeta Wyborcza*. Es handelt sich um die gekürzte Fassung eines Vortrags anlässlich der Eröffnung des IV. Danziger Literaturfestivals Odnalezione w tłumaczeniu [Found in Translation], 11.–13. April 2019.

Bitte beachten Sie auch die folgenden Seiten.

KAMPA VERLAG

Olga Tokarczuk
Die Jakobsbücher

Roman

Aus dem Polnischen
von Lisa Palmes und Lothar Quinkenstein

Er galt als Luther der Juden – seine Anhänger sahen in ihm einen Messias, für seine Gegner war er ein Scharlatan, ja Ketzer. Jakob Frank war eine der schillerndsten Gestalten im Europa des 18. Jahrhunderts. Die Religionen waren ihm wie Schuhe, die man auf dem Weg zum Herrn wechseln könne: Er war Jude, bevor er mit seiner Gefolgschaft zum Islam und dann zum Katholizismus konvertierte. Er war ein Grenzgänger, der, aus dem ostjüdischen Schtetl stammend, das Habsburger und das Osmanische Reich durchstreifte und sich schließlich in Offenbach am Main niederließ.

Die Jakobsbücher sind das vielstimmige Porträt einer ambivalenten, faszinierenden Figur, deren Lebensgeschichte zum Vexierbild einer Welt im Umbruch wird. Olga Tokarczuk hat einen historischen Roman über unsere Gegenwart geschrieben, der zugleich, zutiefst aufklärerisch, ein Plädoyer für Emanzipation, Toleranz und Vielfalt ist.

»Ein fulminanter Roman … eine grandiose Übersetzung.«
Sabine Adler / Deutschlandfunk Kultur, Berlin

»Tokarczuks Bücher reißen Fenster zur Welt auf. 1000 sensible, zärtliche, trauererfüllte Seiten sind denkbar größte Literatur.«
Fabian Wolff / Süddeutsche Zeitung, München

KAMPA VERLAG

Olga Tokarczuk
Unrast

Roman

Aus dem Polnischen
von Esther Kinsky

Eryk hat es in den hohen Norden verschlagen, wo er als Steuermann auf einer kleinen Fähre die immer gleiche Route fährt, bis er irgendwann Kurs aufs offene Meer nimmt. Eine Ich-Erzählerin ist unentwegt auf Wanderschaft – zu Fuß, im Auto, im Flugzeug und sogar in Gedanken. Chopins Schwester, die ihren Bruder abgöttisch geliebt hat, begleitet sein Herz auf eine letzte Reise …

Unrast ist ein Roman über die Sehnsucht, sich in der Welt zu verlieren, ein Roman über das Reisen und dabei selbst wie eine Reise: mit unzähligen Orten und Menschen, die einem ans Herz wachsen, und solchen, die man gerne zurücklässt. Ein Buch voller Bewegungen, Eindrücke, Gedanken und Geschichten, die, wie man bald ahnt, einem geheimen Fahrplan folgen und eine gemeinsame Destination haben.

»Dieser umwerfende Roman ist ein leidenschaftliches
Plädoyer für die verbindende Kraft von Geschichten,
die Purzelbäume durch Raum und Zeit schlagen.«
The Guardian, London

KAMPA VERLAG

Olga Tokarczuk
Gesang der Fledermäuse

Roman

Aus dem Polnischen
von Doreen Daume

Im Sommer tummeln sich wohlhabende Städter auf dem Hochplateau an der polnisch-tschechischen Grenze. Im Winter fliehen die allermeisten Einwohner den windumtosten Ort. An den langen dunklen Tagen widmet sich Janina Duszejko der Astrologie und der Lyrik des von ihr verehrten William Blake. Man hält die ältere Dame für verschroben, wenn nicht gar für verrückt, auch weil sie die Gesellschaft von Tieren der von Menschen vorzieht. Dann gibt es einen Toten. Janinas Nachbar Bigfoot ist grausam erstickt: In seiner Kehle steckt der Knochen eines Rehs. Und es bleibt nicht bei einer Leiche. Janina ermittelt auf eigene Faust.

Kriminalfall, philosophischer Essay, Fabel, literarisches Spiel – auf ebenso komische wie ergreifende Weise zeigen Olga Tokarczuk und ihre hinreißende Heldin, wie sehr es unserer Gesellschaft an Respekt mangelt, ob der Natur und den Tieren gegenüber oder jenen Menschen, die am Rande stehen.

»Man muss einfach staunen über den Ideenreichtum dieser Autorin. In beinahe jedem Satz entfaltet sie ein neues Universum.«
Lisa Kreißler / NDR, Hamburg

»Außerordentlich. Tokarczuks Roman ist lustig, lebenssatt, beängstigend, verstörend. Schonungslos befragt sie menschliches Verhalten. Brillant!«
Annie Proulx

KAMPA VERLAG

Olga Tokarczuk
Taghaus, Nachthaus

Roman

Aus dem Polnischen
von Esther Kinsky

Nowa Ruda im schlesischen Riesengebirge ist ein Ort mit wechselnden Identitäten. Heute polnisch, war das Städtchen früher deutsch, tschechisch, davor österreichisch-ungarisch. Hier, in der Mitte Europas, wo sich Grenzen verschieben und Sprachen kommen und gehen, sind Menschen in Häuser einzogen, in denen noch alte Fotoalben in den Schubladen liegen. Es ist ein Ort, an dem sich Schicksale und Erinnerungen vermischen. Als die Erzählerin mit ihrem Mann in die Gegend kommt, beginnt sie, die Geschichten Nowa Rudas und seiner Bewohner zu sammeln. Dabei hilft ihr die Perückenmacherin Marta, ihre rätselhafte Nachbarin, die sie in die Kunst einführt, die Geschichten vom Tag und die Träume der Nacht zu entwirren.

»Der Roman spielt in Schlesien, also dort, wo man in
der Erde Kisten mit Porzellan und Silber findet und die
Gräber deutsche Inschriften tragen. Ein Buch, in dem Historie,
Mythologie, Einsicht und Erzählfreude auf höchst
reizvolle Weise miteinander verschmelzen.«
Die Zeit, Hamburg

KAMPA VERLAG

Olga Tokarczuk
Ur und andere Zeiten

Roman

Aus dem Polnischen
von Esther Kinsky

Scheinbar am Ende der Welt liegt der Ort Ur, durchströmt von zwei Flüssen, der seichten, flinken Weiße und der tiefen, dunklen Schwarze, dominiert von einem kleinen Berg, den die Bewohner Maikäferhügel getauft haben, bewacht von den vier Erzengeln Rafael, Uriel, Gabriel und Michael – und von den seltsamsten Gestalten bewohnt: der jungen Genowefa, der Hure Ähre, dem verarmten Freiherrn Popielski, der sein Leben einem kabbalistischen Rätselspiel gewidmet hat, dem Bösen Mann, der im Wald haust, dem Wassermann Pluszcz, dem Säufer Pawel und vielen Fabelwesen und Geistern.

An der Stelle, wo sich die beiden Flüsse vereinen, steht die Mühle von Ur. Unermüdlich treiben die Wasser das Mühlrad an, unbeeindruckt von Umwälzungen wie Weltkriegen und Regimewechseln, unabänderlich wie der ewig menschliche Kreislauf von Liebe und Hass, Glück und Leid, Geburt und Tod.

»Die Archäologie einer Region am Rande der Welt und zugleich die lustvoll provozierende Verweigerung der übersichtlichen Einheit von Ort, Zeit und Handlung.«
Anna Auguscik / Die Zeit, Hamburg

KAMPA VERLAG

Olga Tokarczuk
Letzte Geschichten

Roman

Aus dem Polnischen
von Esther Kinsky

Mutter, Tochter, Enkelin. Drei Frauen auf der Suche nach sich selbst, nach einem Ort, im Leben und im Tod.

Gerade ist nach langer Ehe Paraskewias Mann gestorben, in ihrem Haus hoch oben auf dem Berg, das im tiefsten Winter von der Außenwelt abgeschnitten ist. Und so schreibt sie die Nachricht von seinem Tod in großen Buchstaben in den Schnee, damit die Menschen unten im Tal davon erfahren. Ihre Enkelin Maja erlebt das Sterben ganz anders. Im Urlaub auf einer heißen Südseeinsel begegnet sie einem kranken Zauberkünstler, in dem sie ihren Vater zu erkennen glaubt. Der Tod kommt schnell, plötzlich. Majas Mutter Ida möchte noch ein Mal ihr Elternhaus sehen. Im Schneetreiben verunglückt sie mit dem Auto und findet Unterschlupf bei einem älteren Ehepaar, das eine Sterbeklinik für Tiere unterhält, und begegnet auch ihrer Mutter Paraskewia – in einer mythischen Vision.

»Ein Buch der Grenzen und der Übergänge
zwischen Ländern, Worten und Sprachen, zwischen
Zeiten und Jahreszeiten, Träumen und Wachen, und
nicht zuletzt zwischen Leben und Tod.«
Jörg Magenau / Falter, Wien

»Subtil gelingt es Olga Tokarczuk, anhand dieser Frauen das
Porträt einer ganzen Gesellschaft zu zeichnen.«
ORF, Wien

GATSBY IM KAMPA VERLAG

Olga Tokarczuk
Der Schrank

Erzählungen

Aus dem Polnischen
von Esther Kinsky

Ein junges Paar sucht Zuflucht in einem Schrank und findet eine Gegenwelt zur eintönigen Wirklichkeit. Während seine Frau sich der Meditation widmet und hin und wieder etwas Leichtes zu essen kocht, spielt D. am Computer Gott, erschafft und vernichtet Menschen, bis schließlich rings um ihn alles aus den Fugen gerät. Was die Unordnung eines verlassenen Hotelzimmers über einen Menschen erzählt, das weiß das Dienstmädchen mit der rosa-weißen Schürze im Hotel Capital. Chaos erfährt auch die kleine Bankangestellte Krystyna, die im Traum wiederholt den Liebesschwüren eines gewissen Amos lauscht, bis sie sich schließlich auf die Suche nach ihm macht …

Liebe und Tod, Traum, Mythos und Wirklichkeit – die in diesem Band versammelten sieben Geschichten der polnischen Literaturnobelpreisträgerin erzählen von einer Welt, die uns in all ihrer Fremdheit doch immer vertraut ist: unser Unbewusstes.

»Olga Tokarczuk ist eine Meisterin im Schaffen von Welten, innerhalb derer sie viele weitere Welten ineinander verschachtelt oder miteinander verknüpft.«
Doreen Daume / Die Presse, Wien

KAMPA VERLAG

Olga Tokarczuk / Joanna Concejo
Die verlorene Seele

Illustrationen
von Joanna Concejo
Aus dem Polnischen
von Lothar Quinkenstein

Ein Mann arbeitet viel und sehr schnell. Da hat seine Seele Mühe, ihm zu folgen, und geht verloren. Ihm bleibt nichts anderes übrig, als auf den Rat seiner Ärztin zu hören: Er muss warten, bis seine Seele wieder bei ihm ist, ihn eingeholt hat. Und das kann eine Weile dauern. Olga Tokarczuk erzählt eine berührende Geschichte über die Kraft der Geduld und der Erinnerung und über unseren Umgang mit uns selbst. Wie mit einer zweiten Stimme wird der Text von Joanna Concejos geheimnisvollen Bildern untermalt, die Träume und Phantasien wecken.

Die verlorene Seele wurde mit zahlreichen Preisen ausgezeichnet, u.a. dem Bologna Ragazzi Award und dem Preis des Internationalen Kuratoriums für das Jugendbuch (IBBY), und steht auf der Empfehlungsliste der Internationalen Jugendbibliothek (The White Ravens).

»Berührend schön ist dieses Märchen, das daran erinnert, auch auf sich achtzugeben.«
Stephanie von Oppen / Deutschlandfunk Kultur, Berlin